VINHO

Antonio Calò, Daniele Cernilli, Donato Lanati, Giuseppe Martelli
Marco Sabellico, Attilio Scienza, Giuseppe Vaccarini

VINHO

escolha • compra
serviço • degustação

MANUAL do SOMMELIER

EDITORA GLOBO

EDITORA GLOBO

Título original: "Il vino – scelta, acquisto, conservazione e degustazione – Manuale del Sommelier"
Produção editorial: Kanji Editoração
Revisão: Márcia Menin
Capa: Estúdio Filial
Foto da capa: Stone Photos
Créditos fotográficos (miolo): Todas as fotos são de Bruno Bruchi para a Enoteca Italiana di Siena, exceto as das págs. 36(b), 39(a), 102(c), 103(c), de Gianni e Enrico Ummarino

EDITORA GLOBO S.A.
Av. Jaguaré, 1485 – São Paulo, SP, Brasil
CEP 05346-902 – Tel.: (11) 3457-1555
e-mail: atendimento@edglobo.com.br
site: www.globolivros.com.br

Dados Internacionais de Catalogação na Publicação (CIP)
(Câmara Brasileira do Livro, SP, Brasil)

Vinho: escolha, compra, serviço e degustação:
manual do sommelier. — São Paulo: Globo, 2004.

Vários autores.
ISBN 85-250-3850-4

1. Vinhos e vinificação.

04-1854 CDD-641.22

Índices para catálogo sistemático:
1. Vinhos: bebidas 641.22

Impressão e acabamento: Lis Gráfica

SUMÁRIO

A ESCOLHA

A COMPRA

O SERVIÇO

A DEGUSTAÇÃO

VITICULTURA E ENOLOGIA

OS AUTORES

Antonio Calò
Graduado em ciências agrárias e livre-docente em viticultura, é diretor do Istituto Sperimentale per la Viticoltura e presidente da Accademia della Vite e del Vino. Publicou cerca de 300 trabalhos, na maioria sobre viticultura.

Daniele Cernilli
Jornalista e sommelier, é vice-diretor da revista Gambero Rosso *e responsável pelo* Guida Vini d'Italia, *publicada pela Gambero Rosso Editores – Slow Food Editore. Autor de diversas publicações, dedica-se ainda a uma série de matérias sobre enogastronomia transmitidas pela RAI-Sat Gambero Rosso Channel.*

Donato Lanati
Graduado em ciências agrárias, com especialização em viticultura e enologia, atua como consultor do assunto e sócio-correspondente da Accademia della Vite e del Vino. Leciona viticultura e enologia na faculdade de ciências agrárias da Universidade de Turim e no curso de tecnologia enológica da Universidade de Florença.

Giuseppe Martelli
Enólogo e biólogo, dirige a Assoenologi (Associazione Enologi Enotecnici Italiani) e representa a Itália na Union Internationale des Enologues. Desde 1984 participa do Comitato Nazionale Vini, o qual preside desde 1990.

Marco Sabellico
Jornalista e sommelier, trabalha como redator na revista Gambero Rosso *e atua no* Guida Vini d'Italia, *editado pela Gambero Rosso Editores – Slow Food Editore. Autor de diversas publicações, colabora com programas sobre enogastronomia transmitidos pela Rai-Sat Gambero Rosso Channel.*

Attilio Scienza
Professor de viticultura na Universidade de Milão, dedica-se sobretudo às questões relacionadas à proteção e valorização do germoplasma vitícola antigo, ao aperfeiçoamento genético e à variedade vinícola, tanto por meio de técnicas convencionais como modernas.

Giuseppe Vaccarini
Presidente da Association de la Sommellerie Internationale, em 1978 foi eleito o melhor sommelier do mundo. Professor de sommellerie no Istituto Alberghiero Carlo Porta de Milão, colabora com revistas de enogastronomia e é autor de avaliações de vinho e de combinações enogastronômicas.

APRESENTAÇÃO

Um vinho, uma história. O segredo de um passado fascinante, que atravessou milênios e foi capaz de crescer e aperfeiçoar-se no mercado ocidental nos últimos três séculos (a ponto de transformar-se de produto mediterrâneo em item de consumo global), reside no fato de que os vinhos vivem da própria história.

A capacidade de extrair lembranças do interior de uma garrafa e conseguir transportar através do tempo essas sensações quase intactas (quando não melhoradas por um lento e encantador processo evolutivo) constitui o segredo de uma longevidade que continua a intrigar uma sociedade que parece ter perdido a noção de tempo. É justamente essa dimensão temporal que o vinho nos possibilita resgatar. Trata-se, afinal, de um produto singular, uma vez que reúne em si todos os elementos culturais da sociedade moderna: natureza e história, biologia e cultura, tradição e inovação, técnica e mito.

Os infinitos perfumes e sabores do vinho permitem, como nenhum outro produto já criado pelo homem, que a humanidade identifique a milenar história de nossa relação com o ambiente, a natureza, a cultura e a técnica.

Este produto profundamente ligado à natureza, e por essa razão tão associado à terra, constitui um elemento de tamanha importância a ponto de se transformar no fundamento de um sistema de qualidade batizado como "denominação de origem", que indica vinhos de qualidade produzidos numa região determinada. Tal sistema, graças à força de seu significado, envolve um valor simbólico de qualidade, além de representar um instrumento legislativo de imensa relevância não apenas do ponto de vista do consumidor, mas também como mecanismo de proteção e valorização das grandes tradições vinícolas.

Por todas essas razões, na Itália atual o vinho não se resume a um "produto de consumo". Muito mais do que isso, representa uma vigorosa parte da história, da cultura e do patrimônio do país, razão pela qual merece um compatível esforço de proteção e valorização. Isso vale sobretudo para os novos consumidores, que procuram elementos para conhecer o produto e, assim, ingressar nesse fascinante universo, que, visto de fora, parece envolto em mistério.

Eis o motivo que levou à elaboração desta obra, uma iniciativa da Enoteca Italiana, instituição voltada para a valorização do vinho italiano de qualidade, fundada em Siena em 1933. A publicação contou com o apoio do Ministério de Políticas Agrícolas e tem a intenção de se destacar no rico mercado de livros especializados como um veículo de acesso ao maravilhoso mundo do vinho. Trata-se de um projeto ambicioso, mas essencial para uma instituição como a Enoteca Italiana, que se tornou realidade graças à participação sensível de um editor que se propôs a emprestar sua experiência e seu prestígio para a realização de uma obra que, espero, contribuirá para a construção de uma nova cultura e de uma nova compreensão do consumidor acerca da moderna enologia.

Flavio Tattarini
Presidente da Enoteca Italiana

INTRODUÇÃO

"...Suave, macio, aveludado, ácido na medida perfeita. Bem encorpado, tem aroma de..." Essas são as palavras encantadas de um conhecedor de vinhos ao descrever o obscuro significado do conteúdo de uma taça. Trata-se do rito da degustação, que ao mesmo tempo fascina e intriga o observador leigo, o curioso atento, enfim, o consumidor cotidiano, que, diante do vinho, sente-se seduzido, mas desorientado. Em nosso trabalho, assistimos a essa cena quase todos os dias: uma infinidade de pessoas que, ao testemunhar a degustação técnica de um vinho, cobrem o especialista de perguntas sobre o significado das palavras usadas na avaliação. Muitas vezes, as questões são diretas: "Mas isso quer dizer que o vinho é bom?". A partir dessas cenas e questionamentos surgiu a idéia de elaborar esta obra.

Ainda que a questão pareça simples, um filósofo talvez a definisse como "a questão das questões". Por isso, pedimos aos autores deste livro (alguns deles destacados nomes do jornalismo e da pesquisa enológica italiana) que interpretassem a "questão das questões" segundo seus respectivos pontos de vista e tentassem obter uma resposta. No caso do vinho, o caminho que leva ao conhecimento correto e à instrumentalização do saber passa pelo aforismo socrático "só sei que nada sei". O gosto cresce e evolui não só com o tempo, mas com a aquisição de um saber e de uma consciência novos – o que vem com o passar dos anos –, a ponto de alguém considerar bom o que reprovou no passado ou desgostar de um sabor apreciado em outros tempos.

A evolução pela qual passa nosso gosto pessoal decorre, assim, de contínua reavaliação da mesma questão, seja referindo-se a um vinho, como propusemos no início de nosso livro, seja à eterna procura que move a descoberta e a compreensão de um mundo (para ficar só nesse assunto) que nunca poderá ser totalmente decifrado.

Mas esse universo repleto de saber e de perfumes não deve intimidar ninguém, pois é justamente essa riqueza que constitui o fascínio do vinho e de tudo o que se relaciona a ele. Do mesmo modo como o ritual de degustação encanta e assusta por parecer exclusivo de "iniciados", a infindável possibilidade de descobertas oferecida pela enologia apresenta a qualquer pessoa a chance de construir um percurso individual pelo mundo do vinho, da viticultura e da produção. E, se o segredo de um conhecimento verdadeiro não reside na essência totalizante, mas sim em oferecer um método crítico para constituir o caminho para a descoberta, da mesma forma este livro não pretende ser um resumo de todo o conhecimento existente sobre vinhos ou sobre a enologia mundial. Essa missão, além de impossível em tão pouco espaço, não resultaria num método didático útil. O aprendizado sobre vinho, como as coisas mais importantes da vida, acontece ao longo do caminho. Nas páginas seguintes tentamos oferecer um mapa e uma bússola, talvez disfarçados de taça e de saca-rolhas, com o desejo de estimular nos leitores o senso de aventura que orienta nosso trabalho dia após dia.

Giulio Somma
Diretor da Enoteca Italiana

VINHO

A ESCOLHA

PAIXÃO EM TAÇAS

Provavelmente nunca houve na história da humanidade um momento melhor para interessar-se por vinho. O homem produz essa nobre bebida desde a idade do Bronze, há cerca de 6 mil anos. E sempre se produziram bons vinhos. Mas a riqueza de propostas do atual mundo do vinho é extraordinária. Dezenas e dezenas de países em todos os continentes elaboram produtos fantásticos com centenas de variedades diferentes de uva. O Ocidente vem atravessando uma época de grande bem-estar, e o desenvolvimento do comércio e das comunicações fez com que em cada loja especializada ou restaurante – é só o proprietário querer – seja possível alinhar nas prateleiras ou na adega centenas de rótulos diferentes, originários de todas as partes do mundo. Rótulos que, na esmagadora maioria dos casos, estão ao alcance do bolso.

É um panorama rico e fascinante. Tanto que pode criar até uma certa sensação de esgotamento, um certo temor reverencial, enfim, algo que nos faz sentir às vezes pouco à vontade, talvez até incomodados. Imagine-se, por exemplo, num jantar com o chefe ou com um cliente importante. Na hora de escolher o vinho, o garçom traz a carta – um grosso volume encapado em couro, no estilo dos álbuns de fotos de casamento – e aguarda sua decisão. Diante das múltiplas alternativas, não é difícil que balbuciemos: "Escolha o senhor... uma coisa adequada...". Ou pior ainda: "Sugira algo novo...". A sensação é a de um leve pesadelo, como se estivéssemos num teste vestibular.

Mas talvez seja pior ainda quando preparamos uma noite perfeita de romantismo e sedução e erramos feio na escolha do vinho. "O rótulo não era nada mau, com aquelas ilustrações sofisticadas", talvez pensemos mais tarde. "E o nome era tão sonoro...". Outra situação clássica é o jantar em casa de amigos. Na hora de abrir o vinho tinto, o especialista do grupo (sempre há um) desanda a falar sobre a safra de tal ano na Toscana, ou daquela vez que ele visitou Montalcino, ou da grande e inigualável garrafa que bebeu há pouco tempo. E todos os outros convivas lá, só ouvindo. Quando alguém tenta animar a conversa e ensaia uma tímida pergunta, recebe de volta uma resposta desdenhosa ou, pior, escandalizada, que desaba sobre a mesa com o peso de uma laje. E nós lá, sem condições de saber ao certo quanto há de verdade naquela torrente de informações um tanto nebulosas fornecidas pelo *expert*.

Acima, cachos de uva numa natureza-morta do século XVIII; abaixo, a oferta de vinho a um hóspede numa miniatura do Códice 4182 (Roma, Biblioteca Casanatense). Na página oposta, cântaro da Úmbria, do século XIV.

Caso passe por tais situações com indiferença, bem, este livro não é para você. Mas, se diante da pergunta "Você está sentindo o pimentão e o feno ceifado?" você logo enfia o nariz no copo em busca daqueles aromas, louco para aprender a identificá-los, bem-vindo ao jogo. Sim, porque é de um grande jogo que se trata aqui.

O vinho nasceu para dar prazer a quem o toma, para ajudar a socializar e também a viver melhor. Segundo recentes estudos realizados nos Estados Unidos, o consumo moderado de bom vinho é extremamente salutar e amplia a expectativa de vida (tese, aliás, comprovada na prática também por nossos avós). Talvez pela soma desses motivos, nos últimos anos os

Acima, paisagem do Piemonte na zona do rio Barbera; abaixo, numa cerâmica ateniense do século VI a.C., Dioniso transforma o mastro do barco em videira.

consumidores têm investido cada vez mais no vinho: mesmo na Itália, país de longa tradição no assunto, a demanda por bons rótulos de boas safras está em constante crescimento. Montar uma pequena e bem organizada adega, além de ser um grande prazer, pode constituir até um excelente investimento, capaz de garantir lucro a quem decidir vender uma ou outra garrafa.

Que outro objeto de interesse pode, ao mesmo tempo, oferecer prazer genuíno, educar os sentidos do corpo, oferecer saúde e longevidade, configurar um bom investimento financeiro, simbolizar toda uma herança histórica, artística e científica, proporcionar constantes oportunidades de aprendizado e, ainda, estimular tanta gente a viajar para conhecer de perto algumas das mais belas regiões do mundo – e, em nosso caso, da Itália? Exagero? Você provavelmente responderá que não, ao chegar ao final destas páginas.

O VINHO E O MEDITERRÂNEO

Na cristandade, o vinho representa "um matrimônio indissolúvel". As referências a essa bebida na literatura são inúmeras e demonstram amplamente como ela, ao longo dos séculos, cresceu em importância na vida social e religiosa dos cristãos. Um dado cultural justifica mais do que qualquer outra coisa o interesse que o vinho sempre despertou. A bebida encontrou no Mediterrâneo seu âmbito geográfico e seus elementos específicos de expressão, até se transformar num fator determinante da sociedade local, em todos os níveis: rural e urbano, popular e aristocrático, profano e ritualístico. O próprio significado ritual que o vinho assumiu na esfera cristã, ou seja, o de elemento da comunhão sagrada, evidencia uma experiência humana que introduz a bebida na relação religiosa e faz dela o próprio lugar do encontro com o divino.

Acima, entrada de uma luxuosa adega climatizada. Abaixo, vinhedo localizado na região de Chieti.

Consumir vinho de maneira responsável constitui, principalmente, um enorme prazer. Da hora do aperitivo até a refeição, e daí até o fim do dia, as oportunidades para consumo são várias, assim como inumeráveis são os tipos de vinho. Por isso, quando organizamos um jantar especial em casa, é fundamental que dediquemos algum tempo a planejar os detalhes, a fim de garantir uma noite bem-sucedida. Vale a pena consultar este livro, no capítulo sobre combinações, e programar uma visita a uma boa loja especializada em busca de respostas para as dúvidas mais importantes.

Às vezes, porém, o anfitrião deseja dar um sentido especial à escolha do vinho e explicar aos convidados por que optou por aquele rótulo e o que cada um deve esperar da degustação nas taças oferecidas. Quem se apaixona por esse processo de compartilhar o prazer em algumas poucas semanas pode aprender a conduzir o ritual, com toda naturalidade.

Oportunidades, como foi dito, não faltam. Do bom aperitivo no bar – há algo melhor do que uma *flûte* de espumante italiano? – à refeição de trabalho, do copo saboreado na *happy-hour* enquanto se planeja o programa da noite até o jantar importante, em geral as

pessoas têm chance de provar um discreto número de vinhos, que, no padrão dos italianos, totaliza no fim do mês pelo menos de 15 a 20 taças. Assim sendo, por que não transformar essas ocasiões, quase sempre descompromissadas, em eventos culturais, em momentos de enriquecimento espiritual? O vinho tem a capacidade de se revestir de significados, desde os mais frívolos e mundanos (vide a representatividade do champanhe na iconografia da *Belle Époque*) aos mais elevados, em que o vinho aparece como símbolo místico (no cristianismo, a bebida é entendida como o sangue derramado por Cristo para salvar toda a humanidade do pecado).

Apesar disso, é comum a postura irreverente diante da taça. Quem quer de fato adentrar o mundo do vinho, porém, tem de reavaliar essa atitude. Cada vez que levamos uma taça de vinho aos lábios, devemos nos concentrar um pouco, para reflexão. Esse vinho é bom? Qual é o nome dele? Já o tomei antes? Parece-se com qual dos vinhos que já experimentei? Que sabor e que aromas tem? Se não fizermos isso continuamente por um período de tempo relativamente longo, seremos incapazes de construir nosso banco de dados pessoal, ou seja, aquele conjunto de fichas de prova que, arquivadas na memória, poderão ser usadas sempre que quisermos, para fazer comparações com outros vinhos e exprimir nossos juízos.

AS LEIS HEBRAICA E ISLÂMICA

A devoção ao vinho está muito presente na lei hebraica. Basta pensar no primeiro milagre de Jesus, em Canaã: o de remediar a falta de vinho. Todo sábado hebraico começa com um ato de bênção, o **kiddush**, ***ou "santificação", em que todos os membros da família bebem e passam um cálice de vinho de mão em mão, enquanto entoam salmos. No que diz respeito às fases de preparação do vinho*** **kasher**, ***elas remetem à tradição do Antigo Testamento. As regras são fundamentalmente três:***

1) O vinho não pode conter alguns ingredientes, como gorduras, vitaminas e conservantes extraídos de animais proibidos (mas é permitida a clarificação com a clara de ovo batida).

2) Se o vinho é preparado e consumido na Páscoa, deve-se evitar qualquer elemento de fermentação.

3) O vinho deve ser fabricado exclusivamente por hebreus: se uma taça for tocada por mãos de "gentios", a bebida não é mais considerada **kasher.**

Quanto ao Islã, destacam-se no aspecto social dois grandes tabus alimentares: o do porco e o do vinho (**khamr**, ***em árabe). A estigmatização da bebida pelo Corão é indiscutível, mas, excluindo casos isolados inspirados num Islã mais radical, a produção de vinho historicamente sempre esteve submetida a uma taxa, que cristãos e hebreus tinham de pagar à autoridade islâmica a fim de obter autorização para continuar produzindo. Hoje, no entanto, a proibição do vinho assumiu um valor referencial em termos de identidade muçulmana e de pertinência à comunidade do Islã. A proibição deve ser entendida, portanto, no contexto de um processo de redescoberta e de recuperação de uma identidade histórica, cultural e religiosa.***

Acima, garrafas de champanhe em evidência na tela Bar alle Folies-Bergères *(1882), de Edouard Manet, uma célebre pintura da* Belle Époque. *Abaixo, a moderna enologia está em condições de produzir vinhos até para combinações consideradas geralmente difíceis, como a com chocolate. Na página oposta, um cálice do século XVIII em prata, pertencente ao tesouro da catedral de Gorizia.*

Daí o convite para você seguir com atenção (e prazer) o itinerário proposto nestas páginas. Em pouco tempo, você poderá emitir seus próprios juízos e argumentações a respeito de vinhos.

Para além dos guias e dos gurus, das indicações das revistas e dos sabichões de sábado à noite, é importante que cada um de nós, com nossa cultura, sensibilidade e vivência, saiba escolher o vinho certo para a ocasião certa, compartilhando pareceres e descobertas com nossos convidados. Da mesma forma como fazemos com um quadro, com um prato ou com qualquer outro tema de nosso cotidiano. Existem milhares de pessoas que sabem falar de futebol com propriedade lingüística e que expressam conceitos interessantes sem nunca terem sido atletas nem treinadores.

Tais aficionados simplesmente se emocionam ao ver uma partida e conhecem detalhes sobre jogadores, táticas e história do jogo. Nunca perdem o caderno de esportes dos jornais e lêem ou ouvem sempre os comentaristas da área. Esse é um bom exemplo de como, com um pequeno e agradável empenho, pode-se aprender muito.

Concluindo: quem é capaz de entender como funciona a regra futebolística do impedimento com certeza não terá dificuldade para compreender como nasce um espumante elaborado pelo método clássico ou como são envelhecidos alguns grandes tintos. Com a vantagem de que alguns desses vinhos estão ali, nas prateleiras das lojas, prontos para nos maravilhar.

AS COMBINAÇÕES

O prestígio da culinária nunca esteve tão em alta no cenário mundial. Na Itália, porém, esse aspecto "cultural" parece despertar interesse ainda maior do que em outros países. *Nouvelle cuisine*, cozinha tradicional, culinária *fusion*, releituras gastronômicas: qualquer pretexto serve para o italiano falar de comida e

vinho. Uma viagem pelo universo gustativo da Itália poderia se estender por um longo período de tempo: estima-se que existam cerca de 70 mil receitas tradicionais do país, sem contar a acolhida dada às culinárias de outras nacionalidades. Com isso, não é difícil compreender que juntar o vinho certo à comida que está sendo servida, apesar de constituir uma operação pouco complexa, pode exigir bastante da capacidade, da sensibilidade e mesmo das origens culturais de quem se senta à mesa. Estamos, afinal, no reino do paladar – e aqui não há regras fixas.

Tudo isso não significa, porém, que seja impossível falar de combinações. O importante é decifrar os componentes do sabor do alimento para saber o que se deve valorizar e o que se pode "contrabalançar" com a ajuda do vinho. As sensações de doce, amargo, salgado, ácido, picante e aquelas despertadas por especiarias combinam-se de maneira diferente em cada prato. Identificados os sabores predominantes, passa-se à escolha do vinho que vai valorizar ou atenuar, por meio de componentes similares ou opostos, o gosto da comida. Equilíbrio é fundamental para o bom resultado final. Um prato delicado requer um vinho suave, enquanto os sabores fortes pedem vinhos de personalidade. Após cada garfada do mesmo alimento, as papilas gustativas enviam sinais cada vez mais fracos ao cérebro – ou seja, a cada bocado apreciamos menos a comida. Daí a importância do vinho, que "limpa" a boca, combina-se harmoniosamente com o alimento e, com isso, mantém elevado o prazer de comer, da primeira à última garfada.

Acima, molho ao vinho branco para pratos com pescados. Abaixo, vinho robusto e de longa duração para o parmesão regiano, seja ele consumido sozinho, seja usado numa receita. Na página oposta, Mesa preparada *(1646), do flamengo Pieter Claesz.*

COMBINAÇÕES DE BASE

Se um prato tem acentuado componente gorduroso, deve-se compensá-lo com um vinho seco, às vezes frisante ou espumante (característica que permite limpar perfeitamente a boca). Um exemplo clássico é a parceria do Lambrusco seco com salame. Ao contrário, um prato em que predomine o sabor ácido vai bem com um branco suave, mas de destacada acidez, que mascare e compense a do alimento, reduzindo-lhe o impacto. Alimentos de sabor persistente combinam com vinhos de equivalente duração no paladar. Assim, o queijo parmesão regiano maturado faz boa dupla com um grande tinto envelhecido ou com um espumante Método Clássico maduro.

Em relação a massas, arroz e massas folhadas, são o recheio ou o molho dos pratos que definem a combinação com o vinho. Outras observações simples são fruto da experiência:

o tanino dos tintos vai mal com o delicado molho feito com caldo de peixe, que tradicionalmente é combinado com o vinho branco – este deve ser tão mais estruturado quanto mais elaborado for o molho ou o prato. Mesmo nesse caso há exceções: uma saborosíssima sopa de peixe, quem sabe um pouco picante, admite ser acompanhada de um belo tinto leve e pouco ou nada tânico, servido bem frio.

Acima, vinho rosado ou tinto leve para a sopa de peixe. Na página oposta, um clássico francês: suprême *de frango ao champanhe.*

Verduras cruas, bem como frutas frescas, não vão bem com vinho: o resultado seria um gosto metálico nada agradável. Já as carnes são o reino dos tintos, cujas idade e estrutura variam conforme o tipo de receita. Outra parceria eterna é com os queijos: os frescos e leves vão bem com vinhos brancos de boa acidez, enquanto os pastosos, com especiarias e ervas, notavelmente gordurosos e de longa persistência, encontram uma combinação fascinante nos vinhos licorosos e de sobremesa. Basta provar um gorgonzola com um Marsala Vergine ou com um Porto, para confirmar.

Por último, para as sobremesas nunca vale o princípio do contraste: acompanhá-las com vinho doce é a melhor providência. Desse modo, consegue-se "limpar" o paladar de eventuais cremes por meio da efervescência de espumantes como o Asti. Já os doces secos de confeitaria ficam excelentes se acompanhados de um bom vinho *passito* ou licoroso.

COMBINAÇÕES SAZONAIS

Carne assada com vinho branco, linguado com vinho tinto ou *crostata* com espumante seco são combinações absurdas – basta imaginá-las para ficar de cabelo em pé. Mais do que se aventurar em combinações ousadas, às vezes é melhor se ater àquelas claramente "tradicionais", consagradas simplesmente porque o alimento e o vinho compartilham da mesma região de origem. Nesses casos, os resultados são sempre satisfatórios. Ninguém fica desiludido, por exemplo, diante de duplas como *brasato* e Barolo, *crostata alla fiorentina* e Chianti clássico, ou espaguete com vôngoles e Verdicchio dei Castelli di Jesi. É impor-

AS ESCOLAS DE COMBINAÇÕES

Cada prato tem seu vinho ideal de acompanhamento. Mesmo que o alimento tenha vida própria, a combinação com um vinho adequado exalta suas características, cria uma sintonia que evidencia o sabor e sublinha os aspectos gastronômicos da receita. Há tempos a questão das combinações envolve e apaixona os especialistas, embora no passado não tenha recebido a atenção que lhe é dedicada atualmente: basta ver que Brillat-Savarin, em seu clássico A fisiologia do gosto, *de 1825, praticamente não explorou o assunto, o que décadas mais tarde lhe valeu críticas do poeta Charles Baudelaire.*

As combinações começaram a ser codificadas durante o século XIX, embora com critérios totalmente diferentes dos atuais. Hoje, finalmente, a harmonização comida–vinho recebe toda a atenção que merece, a ponto de existirem até várias "escolas de pensamento". As mais importantes são a inglesa, a francesa e a italiana.

A escola inglesa, que tem como expoentes Elizabeth e Cyril Ray, defende que cada um deve se deixar guiar pelo próprio instinto e pelos próprios sentidos e que toda escolha é puramente subjetiva.

Por sua vez, a escola francesa, após numerosas discussões e controvérsias, conseguiu estabelecer um decálogo indubitavelmente útil, mas que também prevê importantes exceções para cada regra.

DECÁLOGO DA ESCOLA FRANCESA

- **Nenhum grande vinho licoroso branco deve ser servido com carnes vermelhas e de caça.**
- **Nenhum grande vinho tinto pode ser servido com peixes, crustáceos e moluscos.**
- **Os vinhos brancos devem ser servidos antes dos tintos.**
- **Os vinhos leves devem ser servidos antes dos robustos.**
- **Os vinhos gelados são servidos antes daqueles à temperatura ambiente.**
- **Os vinhos devem ser servidos seguindo uma gradação alcoólica crescente.**
- **Cada prato combina com seu vinho.**
- **Os vinhos devem sempre ser servidos em sua melhor estação.**
- **Cada vinho tem de ser separado do subseqüente por um gole de água.**
- **Numa refeição nunca se deve servir apenas um grande vinho.**

Quanto à escola italiana, que relaciona entre seus mestres Luigi Veronelli e Antonio Piccinardi, aborda o assunto tentando fornecer respostas que não se restrinjam aos pratos isoladamente, mas que sejam de caráter geral, indicando as possíveis combinações para as sensações proporcionadas por grupos de receitas.

De qualquer forma, a questão das combinações não é nada fácil, uma vez que prevê componentes subjetivos e psicológicos capazes de exercer, sempre, um peso relevante nas decisões finais.

tante observar ainda que, nos últimos 20 anos, a gastronomia evoluiu sensivelmente, e mesmo as receitas tradicionais foram revisitadas de modo a resultarem em pratos mais adaptados ao estilo moderno de vida. Eis por que nem sempre são válidas as combinações propostas no passado.

Duas combinações certeiras: acima, o Barolo com o brasato*; abaixo, Orvieto ou Verdicchio dei Castelli de Jesi para o espaguete com mariscos e vôngoles.*

A escolha do que beber também pode ser definida pelo critério das estações, baseado no claro princípio de que os pratos admirados nas estações frias não são tão bem-vindos assim nas quentes. A culinária de inverno e outono caracteriza-se por pratos mais ricos em gordura, com molhos e gostos elaborados, aos quais se adaptam bem os vinhos maduros, estruturados e encorpados. Com uma gradação alcoólica bem mais elevada, são servidos à temperatura ambiente. É o caso, por exemplo, do Barbaresco ou do Valtellina Superiore.

Na culinária das estações quentes, ao contrário, predominam os pratos frios e, quando quentes, temperados com leveza. Com essas receitas vão bem vinhos preferencialmente brancos, jovens (às vezes, frisantes) e não particularmente estruturados. Com gradação alcoólica mais baixa, são servidos gelados. Um exemplo: o Prosecco di Valdobbiadene.

Existe, por fim, uma combinação definida como "de valorização", que busca destacar as características de um prato, de um vinho ou de ambos. No primeiro caso, o vinho não deve ter personalidade particularmente destacada nem muita riqueza de aromas. No segundo, é o prato que não pode ter características muito marcantes. Na última e mais complexa situação, nem o vinho deve se sobrepor às características mais destacadas da comida, nem o prato pode ter sabores tão acentuados a ponto de "ofuscar" o vinho.

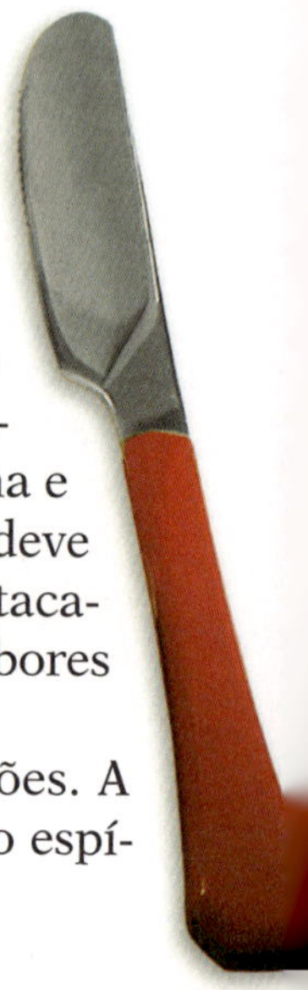

Naturalmente, sempre é possível buscar novas combinações. A tarefa exige provar e avaliar propostas originais, mantendo o espírito aberto e atento a experiências inovadoras.

COMBINAÇÕES A EVITAR

Graças à enorme variedade de opções à disposição, é sempre possível encontrar um (e até mais de um) vinho que se harmonize com determinado prato. Mas convém levar em conta que há "casamentos" particularmente difíceis. Em geral, não se prestam a acompanhamento com vinho os pratos típicos das cozinhas africana, sul-americana, do Oriente Médio e do Extremo Oriente, assim como todas as receitas indianas. A comida dessas tradições culinárias se harmoniza naturalmente com bebidas locais, como chá ou saquê. Caso se queira tentar algum acompanhamento com vinho, é preferível orientar a escolha para algum branco, aromático, quente de álcool e fresco de acidez, como o Alto Adige Traminer ou o Collio Sauvignon.

Acima, saquê ou chá – jamais vinho – acompanham pratos orientais típicos, como a salada picante de Pequim.

Já em relação às receitas da tradição culinária européia, a harmonização com vinhos exige conhecimento prévio dos componentes dos pratos, da quantidade dos ingredientes e de suas características gustativas e olfativas, bem como de sua progressão dentro do menu. Alcachofra, espinafre, erva-doce e aspargos até podem ter a companhia do vinho, desde que cozidos adequadamente e servidos como guarnição (nunca como prato principal). A alcachofra, por exemplo, contém uma substância de sabor amargo, que desvirtua o gosto dos vinhos. Mas, quando cozida com recheio que leve azeite extravirgem de oliva e ervas aromáticas, adapta-se bem a vinhos brancos jovens, suaves e discretamente frescos de acidez.

Existem ainda combinações que devem ser totalmente evitadas. A mais conhecida é a dos pratos contendo abundante quantidade de vinagre. Diante de uma salada temperada com vinagre ou limão, é igualmente recomendável renunciar à bebida. Nada de vinho, também, junto com atum ao azeite ou outros peixes enlatados, como sardinhas e cavalas – caso queira insistir, porém, arrisque um branco neutro e de boa acidez, como um Gavi ou um Trebbiano d'Abruzzo ou da Romagna. Outra combinação infeliz é a de vinho com frutas particularmente ácidas, como o abacaxi e a laranja.

Por fim, a combinação com o chocolate é um sacrilégio decretado por muitos especialistas. No entanto, ao final da refeição, uma musse ou uma charlote ao chocolate podem combinar muito bem com um Asti espumante ou com um Moscato d'Asti suave.

COMBINAÇÕES CIRCUNSTANCIAIS

Acima, vinho branco jovem para as alcachofras, desde que cozidas no azeite – do contrário, a combinação resulta amarga. Abaixo, uma grande harmonização: Sauternes e foie gras*. Na página oposta, o espumante gelado, um dos favoritos dos italianos na hora do aperitivo.*

Quem escreve sobre a arte de beber dá muita importância à escolha do vinho para cada ocasião, pois uma refeição sem vinho é como um baile sem orquestra. Os franceses exprimem o caráter de um vinho indicando o alimento com o qual ele pode ser acompanhado de maneira perfeita. Para o Sauternes, por exemplo, recomendam o *foie gras*. Fazer o mesmo com os incontáveis vinhos de todo o mundo é impossível. O que se pode fazer é listar indicações genéricas, sugerindo que tipo de vinho beber em determinadas circunstâncias ou mesmo no cotidiano.

Para começar, os gostos "nacionais" revelam-se diferentes já na hora de escolher o aperitivo. Norte-americanos preferem coquetéis ou uísque com soda e gelo; franceses gostam de Pernod ou champanhe; ingleses, de Jerez. Até alguns anos atrás, os italianos bebiam vermute ou amaro para abrir o apetite, mas hoje dão prioridade a espumantes secos ou vinhos brancos secos, frescos de acidez, relativamente suaves, com aromas de fruta de polpa branca, quentes de álcool na medida certa, servidos à temperatura de 8°C. Enquadram-se nessa categoria, entre outros, o Gavi, o Terre di Franciacorta branco, o Collio Pinot Bianco e o Verdicchio dei Castelli di Jesi.

Passando para a comida propriamente dita, quando a intenção é servir um prato sem grandes pretensões, pode-se ter uma experiência particularmente interessante quando se escolhe como acompanhamento um vinho da pró-

pria região e que tenha características organoléticas em perfeita harmonia com as do alimento que será servido.

Já os grandes vinhos, como o Brunello di Montalcino ou o Barolo, devem ser propostos com pratos suculentos e de boa consistência. Dada a importância desses rótulos, é vital servi-los nas condições mais adequadas, para valorizá-los ao máximo. Faz-se necessário, portanto, usar taças de formato adequado, checar a correta temperatura na hora de ir à mesa e, se preciso, fazer a decantação. Nesse sentido, um discreto "cerimonial" nunca é demais – e até aumenta os prazeres da refeição.

Existem também os vinhos "de meditação", possuidores de apreciadas e muito particulares características organoléticas, que os distinguem dos demais. Convém beber esses vinhos fora das refeições, pois requerem degustação lenta e convidam à contemplação. Entre os mais conhecidos, vale mencionar o Alto Adige Moscato rosê, o Colli Orientali del Friuli Picolit, o Vin Santo toscano, a Vernaccia di Oristano, o Moscato di Noto e a magnífica gama dos Marsala.

Piqueniques e refeições mais descontraídas pedem vinhos leves, como o Sykvaner e o Müller Thurgau do Alto Ádige. Além deles, na denominação genérica de "vinhos dominicais" enquadram-se todos os bons vinhos que não exijam excessiva reverência, mas mereçam maior atenção na degustação, como o Oltrepò Pavese Bonarda, o San Colombano, o Chianti Colli Aretini, o Dolcetto di Diano d'Alba ou o Regaleali tinto.

REGRAS DE SEQÜÊNCIA

Quando uma refeição comporta dois ou mais vinhos, é essencial seguir algumas regras básicas para servi-los na seqüência correta. A troca é efetuada num crescendo, como se faz com a comida: assim como não se saboreia a sobremesa antes do assado, o mesmo princípio vale para o vinho.

A seqüência dos vinhos prevê que:

1) Os vinhos mais jovens venham antes dos mais velhos, o que se explica pelo fato de os primeiros terem geralmente menos complexidade de sabores do que os envelhecidos.

2) Os vinhos brancos precedem os rosês, aos quais se seguem os tintos, que, por sua vez, são seguidos pelos doces.

3) Entre os vinhos do mesmo tipo, os menos estruturados e menos alcoólicos vêm antes dos mais encorpados e de maior dosagem alcoólica. No caso, leva-se em conta a persistência aromática dos vinhos, que, se servidos antes dos jovens e frescos, lhes encobririam as delicadas características – analogamente, os licorosos cobrem as demais sensações, devido a seus altos teores alcoólico e de açúcar.

Os mais antigos ainda hoje sustentam que misturar vinhos ao longo da refeição faz mal à saúde. A moderna dietologia, no entanto, já demonstrou há muito tempo que, quando bem combinada com os respectivos pratos, a bebida adequada estimula positivamente a secreção gástrica.

PARA CADA PRATO...

Antepastos	Qualquer espumante seco (1-4 anos, 7°C)
Antepastos magros com peixe, salada de frango	Branco seco de viés ácido, também levemente frisante (1-2 anos, 10°C)
Galantinas	Branco seco e suave (1-2 anos, 10°C)
Patê	Branco levemente adocicado (1-3 anos, 10-12°C)
Coquetel de camarão	Branco aromático (1-2 anos, 10°C)
Presunto cru	Rosê leve (1 ano, 12°C)
Antepastos à italiana com embutidos (sem vinagre)	Rosê gelado ou tinto jovem e brioso (1-2 anos, 12-14°C)
Verduras cruas em azeite, sal e pimenta	Branco suave levemente perfumado (1 ano, 10°C)
Ovo na manteiga	Branco seco suave e jovem (1 ano, 10°C)
Ovo com presunto e queijo	Branco de caráter ou rosê leve (1-2 anos, 10°C)
Fritadas e omeletes	Rosê encorpado (2 anos, 12-14°C)
Consomês e sopas	Continuar com o vinho servido durante o antepasto
Sopa de verduras, macarrão e feijão	Rosê leve (1 ano, 13°C)
Risoto com *funghi*	Tinto leve e brioso (1-2 anos, 14°C)
Risoto ao Barolo	Tinto jovem (1-3 anos, 14-16°C)
Risoto ao espumante	Mesmo vinho usado na preparação (1-2 anos, 7-8°C)
Risoto de verduras	Branco seco suave (1-2 anos, 10°C)
Risoto de peixe	Branco seco estruturado (1-2 anos, 12°C)
Risoto com lingüiça	Tinto jovem frisante (1-2 anos, 15°C)
Massas à base de peixe	Branco suave, seco ou levemente adocicado (1-2 anos, 10-12°C)
Massas à base de verdura	Branco seco suave (1-2 anos, 12°C)
Massas com tomate	Branco seco fresco de acidez (1-2 anos, 10°C)
Massas à base de carne	Rosê ou tinto jovem e vivaz (1-2 anos, 12-16°C)
Enformados e tortas	Branco seco de caráter ou rosê leve (1-2 anos, 10-14°C)
Tortas de vegetais	Rosê de boa estrutura ou tinto muito jovem (1-2 anos, 12-16°C)
Frutos do mar crus	Branco aromático (1-2 anos, 8-10°C)
Frutos do mar cozidos	Branco não muito seco e frutado (2-3 anos, 10°C)
Peixe grelhado e frituras	Branco seco de caráter ou rosê leve (1-3 anos, 10-14°C)
Peixe *al cartoccio* e ao vapor	Rosê de corpo médio (1-2 anos, 12-14°C)
Sopas e caldos de peixe	Rosê de bom corpo ou tinto jovem (1-2 anos, 14-16°C)
Peixe cozido com maionese	Branco seco suave (1 ano, 10°C)
Carnes brancas	Branco seco de caráter ou rosê (1-2 anos, 10-14°C)

...UM VINHO

Carne de coelho	Tinto moderadamente jovem, levemente encorpado e fresco
Carne de vitela	Tinto jovem leve (1-2 anos, 14°C)
Carne de carneiro	Tinto seco meio encorpado (2 anos, 16°C)
Carne de porco	Tinto seco meio encorpado (2 anos, 16°C)
Fígado e rim	Tinto encorpado ou tinto jovem (1-3 anos, 12-16°C)
Carne vermelha grelhada	Tinto vigoroso a meio envelhecimento (2-5 anos, 18°C)
Carne vermelha cozida	Tinto a meio envelhecimento mas vivaz (1-3 anos, 16°C)
Carne vermelha extracozida	Tinto de boa qualidade e bom envelhecimento (2-5 anos, 18°C)
Embutidos cozidos	Tinto jovem e generoso mas vivaz (1-3 anos, 16-18°C)
Pequenas caças	Tinto de bom envelhecimento e encorpado (3-5 anos, 18°C)
Aves de caça	Tinto de bom envelhecimento e boa estrutura (4-8 anos, 18°C)
Animais de caça	Grande tinto de excelente harmonia (mais de 5 anos, 18-20°C)
Queijos com massa fresca	Branco suave (1-2 anos, 10°C)
Queijos com ervas	Branco elegante ou rosê jovem (1-2 anos, 10-12°C)
Queijos fermentados	Tinto meio encorpado e bom envelhecimento (2-5 anos, 18°C)
Queijos de pasta dura	Tinto encorpado e envelhecido (3-8 anos, 18-20°C)
Queijos picantes	Tinto encorpado ou licoroso (mais de 8 anos, 18-20°C)
Panetones e similares	Espumante semi-seco ou branco aromático (1-2 anos, 7°C)
Torta paradiso	Branco doce levemente aromático (1 ano, 7-8°C)
Crostata de frutas	Branco ou tinto semi-seco ou doce, aromático ou frutado; espumante (1-2 anos, 7-8°C)
Assados	Passito e licoroso adocicado ou doce (mais de 2 anos, 7-10°C)
Doces	Branco doce e espumante (1-2 anos, 7-10°C)
Cremes	Branco ou licoroso envelhecido (mais de 2 anos, 7-8°C)
Sorvetes	Nenhum vinho
Frutas frescas	Branco adocicado aromático e frutado (1-2 anos, 7-8°C)
Frutas secas	Tinto adocicado aromático ou passito licoroso (mais de 2 anos, 7-8°C)
Frutas frescas ou salada de frutas que incluem cítricos	Nenhum vinho

VINHOS PARA FESTA

A Itália, principalmente nas regiões do Norte, é uma terra particularmente adequada à produção desse tipo de vinho. Se até há alguns anos era indiscutível a superioridade do champanhe em épocas mais recentes as garrafinhas arredondadas *made in Italy* têm sido muito apreciadas internacionalmente. No que diz respeito à qualidade, os melhores rótulos da península não deixam nada a dever aos concorrentes produzidos além dos Alpes – e têm a vantagem de serem economicamente mais atraentes. Isso sem contar que nenhum país pode se igualar à Itália na incrível riqueza de variedades de uvas adequadas para a transformação em espumantes. De Asti, a rainha das festividades, aos aristocráticos exemplares da Franciacorta e do Trentino, passando pela produção das ilhas, na Itália ocorre um florescimento de excelentes espumantes.

Há, assim, uma série de garrafas arredondadas italianas adequadas a combinações para todo o menu, do aperitivo à sobremesa. Não devemos nunca esquecer que o espumante é um vinho como qualquer outro – às vezes, um grande vinho, estruturado e encorpado. Um Método Clássico Millesimato, assim como um tinto de alta linhagem, pode perfeitamente envelhecer na adega adquirindo complexidade e elegância.

Como aperitivo, fazendo companhia a sanduíches e canapés, por exemplo, a sugestão é um espumante delicado e frutado, como o Prosecco di Conegliano Valdobbiadene ou o Riesling dell'Oltrepò Pavese. Junto com o primeiro prato, especialmente quando leva sabores marinhos, pode-se oferecer um Método Clássico jovem e fragrante, por exemplo, do Alto Adige, caracterizado pelos cativantes aromas de levedo e crosta de pão.

Para pratos à base de peixe, a gama de possibilidades é grande. Continuando no Método Clássico, podemos escolher entre muitas opções, sempre lembrando que, quanto mais o prato tiver um sabor marcante, mais o espumante deverá ter um caráter decidido e um pouco mais de idade. Com peixes salgados, vale recorrer a um bom Millesimato da Franciacorta, do Oltrepò Pavese ou do Trentino. Geralmente, são obtidos de uvas Pinot Nero (principalmente os do Oltrepò), Pinot Bianco e Chardonnay (em especial os da Franciacorta). Se o segundo prato tiver carne, vale optar por um produto maduro, à base de Pinot Nero, que tende a dar vinhos estruturados. Já com pratos à base de pombo, coelho ou aves nobres, o ideal pode ser um rosê encorpado vindo de uma das regiões clássicas, do Friuli ou do Vêneto.

DOCE COM DOCE

Um erro clássico à italiana: o espumante seco com a sobremesa. A combinação não funciona. O motivo é simples e tem a ver com a fisiologia do gosto, ou seja, o modo pelo qual percebemos os sabores. Quando se come um bocado de alimento doce, adquirem grande ênfase os componentes ácidos e amargos do vinho a ser bebido em seguida – e a doçura do próximo bocado torna-se ainda mais intensa. Ou seja, o doce parece cada vez mais doce, e o espumante Brut, cada vez mais seco e amargo. Em contrapartida, basta combinar um espumante (ou um vinho) doce com a sobremesa para que a sensação açucarada de ambos se atenue: a sobremesa é percebida pelo paladar como doce, mas sem excessos, e no vinho são ressaltados os componentes da fruta e a suavidade.

Com queijos, pode-se provar, sem medo de errar, o Recioto Spumante della Valpolicella ou o Vernaccia di Serrapetrona. Quanto aos doces, a combinação deve ser feita exclusivamente com espumantes doces ou adocicados. É o reino do invejável Asti ou do Brachetto d'Acqui, de intensa cor rosada e de irresistível aroma de morango e framboesa. Quem prefere um espumante suave menos doce pode escolher entre o Cartizze e o Recioto di Gambellara, seco ou meio-seco.

Os espumantes são ainda um excelente ingrediente para coquetéis e *long drinks* (aquelas bebidas servidas em grandes copos, com várias guarnições, gelo e canudinhos). Entre os coquetéis clássicos merecem destaque o "Coquetel de champanhe" e o "Champagne pick me up". A lista dos *long drinks* é praticamente infinita, mas começa pela letra B, de "Bellini", a famosíssima poção à base de suco de pêssego e Prosecco di Conegliano Valdobbiadene, criada por Arrigo Cipriani no célebre Harry's Bar, de Veneza.

HORA DA MEDITAÇÃO

Talvez seja culpa de James Bond, Ernest Hemingway ou Frank Sinatra, que transformaram seus martínis ultra-secos em símbolos da masculinidade no imaginário coletivo. O fato é que durante anos as bebidas adocicadas e os vinhos doces ficaram no ostracismo. E, por causa do modismo de considerar o vinho seco melhor do que o doce, muita gente se privou do prazer de realizar combinações perfeitas. O que torna um vinho importante são sua estrutura, a concentração dos aromas, a riqueza de sua composição. Os vinhos doces são mais ricos e concentrados do que os secos porque nascem de um processo de "passificação", que concentra as substâncias no interior do bago desidratado da uva. Portanto, é lógico esperar muito mais, em termos de intensidade de sensações, de um vinho doce do que de um seco. Tanto isso é verdade que se difundiu o hábito de chamar alguns dos mais importantes exemplares dessa categoria de "vinhos de meditação", em contraposição à depreciativa terminologia "vinhos de sobremesa".

A Itália produz alguns dos maiores vinhos doces do mundo. Dentro dessa perspectiva moderna, vale redescobrir clássicos como o toscano Vin Santo, de boa fabricação e que combina muito bem com os *cantucci* (tradicionais biscoitos de amêndoa). Para quem ainda se mantém relutante diante do vinho doce, sugira um teste: provar um queijo gorgonzola artesanal com

CADA UM COM SEU VINHO

Se, em princípio, qualquer vinho induz a um estado contemplativo e reflexivo, o que leva um rótulo a merecer ser chamado de "vinho de meditação"? Na verdade, esse conceito surgiu para indicar grandes vinhos, muito estruturados e dotados de enorme complexidade, que se revelam aos poucos e passam da taça para o paladar ao longo de muitos minutos – e até horas. Vinhos que, para demonstrar todas suas qualidades, exigem tempo e paz de espírito da parte de quem bebe. Daí vem o termo "de meditação". Em geral, os grandes e envelhecidos vinhos doces e licorosos – como o Marsala, o Jerez Amontillado ou Oloroso e o Porto Vintage – são paradigmas de vinhos de meditação. Também há quem medite muito bem com o Barolo ou o Brunello di Montalcino. E há quem deixe o pensamento voar diante de uma taça de Sauvignon del Collio ou de Gewürztraminer alsaciano, embora alguns os considerem vinhos para a tarde ou para aperitivo.

Acima, seleção de vinhos de meditação (nova terminologia para os vinhos de sobremesa) produzidos na Itália; abaixo, um charuto e um Porto, dupla própria para uma serena pós-refeição. Na página oposta, a tradicional maneira de servir Jerez na adega de um produtor espanhol.

um Recioto della Valpolicella – não há quem resista. E o que dizer do potente e concentrado Passito di Pantelleria, combinado com queijos curados com especiarias, como certos *pecorinos*? O campo das harmonizações queijo–vinho abriga a maior taxa de uniões inesquecíveis, pois a riqueza de sensações de um queijo curado só encontra parceria confiável num vinho doce e concentrado.

Doces e queijos suaves também vão bem com vinhos doces delicados. O Recioto di Soave, o Torcolato ou o Albana di Romagna são ótima companhia para doces cremosos que não tenham uma fruta vermelha predominante. Caso a sobremesa leve cereja, framboesa ou groselha, por exemplo, está configurado um bom momento para levar à mesa o Aleatico dell'Elba, o Gradoli, o Moscato Rosa Trentino e, no caso de receitas de sabor mais persistente, o Sagrantino di Montefalco Passito ou o dell'Ala (Antico Liquorvino Amarascato), que não fazem feio nem mesmo diante da difícil missão de combinar com doces achocolatados. Embora o desafio seja complexo, chocolate pode, sim, combinar com vinho. Desde que, é claro, o vinho seja "especial", rico em álcool, como o Marsala, o Porto, o Banyuls, ou o Pineau des Charentes. Sempre é bom arriscar-se em experiências que vão um pouco além do lugar-comum!

NA CULINÁRIA

O vinho sempre foi um ingrediente insubstituível no preparo da comida. Seus aromas, suas fragrâncias, seu frescor ou seu calor são preciosos na cozinha do dia-a-dia e também na alta culinária. Nas terras onde se produz vinho, não existe tradição gastronômica que não tenha receitas elaboradas com vinho. Como é mais fácil criar combinações bem-sucedidas entre comida e vinho da mesma região, os ingredientes e matérias-primas de um território parecem encontrar na bebida local o toque de perfume, de brilho adicional que lhes confere destaque.

Como escolher o vinho adequado para cozinhar? Convém ficar atento a alguns conselhos e advertências. O primeiro e mais importante: o que se coloca na panela aparece no prato. Ou seja, quanto melhor o vinho utilizado, melhor será o sabor da comida. Essa recomendação nada tem de supérflua, pois muitos consideram, erroneamente, que um vinho de pouca qualidade – de barril, sem acidez ou com qualquer outro defeito – pode ser adequado, por exemplo, para fazer um risoto, um recheio ou um frango à caçadora. Não é verdade. O vinho defeituoso transmite seus defeitos também para a comida. Caso se utilize grande quantidade da bebida e o cozimento seja longo, tais defeitos (como um forte odor de cortiça) tendem a ser concentrados durante a redução, tornando-se ainda mais evidentes e desagradáveis.

Carne vermelha cozida por longo tempo em vinho tinto robusto.

Em contrapartida, há cozinheiros de prestígio que usam garrafas preciosíssimas para fazer molhos ou saltear escalopes. Vale considerar, no entanto, que o cozimento altera o delicado equilíbrio de um vinho, em especial se a preparação se prolonga por muito tempo e em alta temperatura. Isto é, algo do encanto do valiosíssimo vinho com certeza se perderá, inutilmente. Isso não significa que se deva fazer o risoto ao champanhe com um frisante de última categoria, mas apenas que é melhor beber uma refinada *cuvée* do que sacrificá-la desnecessariamente pelo cozimento.

Mas, então, que vinho usar? E quanto? A bebida é indicada principalmente nas receitas com carnes e de pratos mais gordurosos, por dois motivos: a acidez ajuda a contrabalançar o componente gorduroso da comida e desencadeia a liberação mais intensa dos aromas. Os cozinheiros experientes sabem que, nas carnes vermelhas, é preferível usar vinhos tintos, mais robustos e adaptados a cozimentos prolongados, enquanto carnes brancas vão muito bem com vinhos brancos, mais delicados. Dois exemplos: o *brasato* ao Barolo, cozido que é um clássico do Piemonte, e o toscano coelho à Vernaccia di San Gimignano. Muitas vezes, e propositalmente, antes de ir ao fogo, a carne descansa numa marinada de vinho que, depois de coada, também vai ao cozimento, o que deixa o prato mais tenro e perfumado. Para receitas marinadas mas não cozidas na bebida, devem ser usados vinhos de caráter aromático pronunciado, como Moscato e Traminer, que emprestam um sabor especial aos pratos de *carpaccio*, por exemplo.

A utilização de um vinho de gosto bem pronunciado, como este Madeira, pode conferir aromas novos e inconfundíveis a um molho.

Nos risotos o vinho é fundamental, devido à quantidade de gorduras utilizadas. O momento de acrescentá-lo é antes de se juntar o caldo: usa-se vinho branco para não alterar a cor. Seguindo esse critério, pode-se dizer que os brancos vão bem em caldos, sopas e molhos claros, em pratos de peixe e em muitos tipos de doces de frutas, enquanto os tintos são adequados para sopas escuras, molhos com fundos castanhos, extracozidos. Na culinária francesa, o tinto (não-tânico, como um Pinot Noir) é muito usado para cozinhar peixe e os molhos que o acompanham.

Os vinhos de gosto pronunciado, aromático e característico dão sabor inconfundível ao prato. É o caso do patê de *foie gras* com gelatina ao Moscato d'Asti ou ao Car-

tizze, do escalope de *foie gras* com molho ao Sauternes ou ao Orvieto e da terrina de fígado e caça que leva o Porto na preparação e no molho de acompanhamento – para não falar das inúmeras receitas e molhos à base de Jerez, Madeira, Málaga e Marsala, que reúnem no prato todos os aromas do vinho. O único inconveniente no caso desses vinhos muito alcoólicos, "fortalecidos" pela adição de destilado, é que geralmente não são adequados para beber com a comida, ainda que combinem muito bem com os alimentos quando usados como ingrediente das receitas culinárias.

Um leve toque de Marsala é obrigatório para assegurar perfume e sabor ao zabaione.

Às vezes, porém, transgredir é possível. Temos o famoso exemplo do consomê de tartaruga do filme *A festa de Babette*, que era acompanhado de um envelhecidíssimo Jerez Amontillado. Hoje não é possível repetir a experiência – o animal é uma espécie protegida –, mas o preparo do consomê pode incluir qualquer outra carne ou peixe (ou ambos) e ser acompanhado do mesmo vinho que lhe dá sabor. É uma excelente pedida, como bem sabem os *gourmets* da região da Emilia-Romagna, que vertem um pouco de Lambrusco no *tortellini in brodo* antes de sorver o caldo fumegante, acompanhado de uma taça do mesmo vinho.

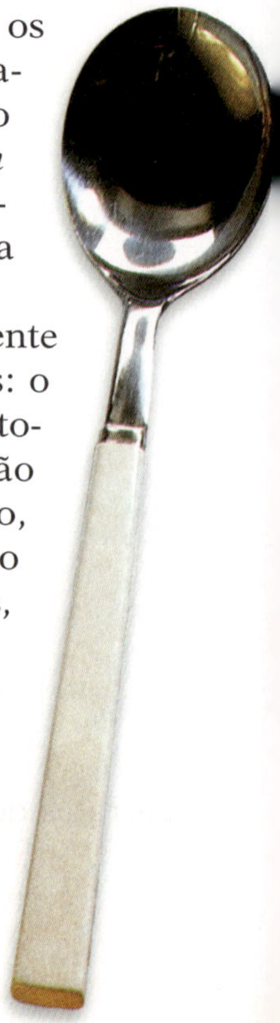

Vinhos doces são um ingrediente fantástico para as sobremesas: o que seria do *zabaione* sem um toque de Marsala ou de Asti? Se o vinho à disposição não estiver perfumado como se esperava na hora de abri-lo, pode-se lançar mão de um truque: acrescentar um pouco de *brandy* ou, para aromas mais próximos das especiarias, um pouco de vermute. Fica excelente.

Enfim, nunca se deve esquecer que o vinho usado como ingrediente do prato sempre é uma boa opção de acompanhamento na taça. Se a receita prevê cozimento longo, vale usar (principalmente no caso dos tintos) vinhos suaves. Ao concentrar a acidez e o tanino, a cocção pode dar um toque ácido ou amargo ao prato.

NO RESTAURANTE

Uma noite num grande restaurante constitui, para quem busca bons vinhos, uma experiência potencialmente preciosa. Um estabelecimento equipado com boa adega, de fato, pode oferecer uma ocasião única para provar vinhos que não teríamos a oportunidade de degustar de outra maneira. Este poderia, por sinal, ser um dos critérios para a escolha do restaurante: fique atento a casas que, vez por outra, conseguem uma boa provisão de vinhos pouco difundidos e difíceis de encontrar. Nesse caso, os conselhos de um sommelier competente são um elemento imprescindível para que a escolha de vinhos do jantar tenha sucesso.

CARTA DE VINHOS

A carta de vinhos é o cartão de visitas de um restaurante. Embora seja difícil estabelecer regras gerais, com freqüência é melhor que seja simples, fácil de ler e com a indicação dos preços. Além disso, deve vir sempre separada do cardápio e passar por revisão a cada quatro ou seis meses, para ser atualizada e corrigida. Sem dúvida é muito importante que o nome, a administração, a safra e a área de procedência dos vinhos propostos sejam claramente identificáveis pelos clientes. Com um instrumento confiável como esse em mãos, fica bem mais fácil escolher um vinho, ainda mais se o restaurante tiver um sommelier competente.

Se a carta de vinhos de um restaurante não oferece tais possibilidades, convém apostar na segurança dos rótulos e safras já experimentados. Isso é mais importante ainda quando se está na companhia de convidados que não querem dar saltos no escuro. Quem tem suficiente traquejo para explorar uma vasta carta de vinhos, porém, pode acabar premiado com boas surpresas – como, por exemplo, um grande Barolo ou Brunello di Montalcino com preço não-atualizado de anos atrás ou, melhor ainda, as últimas garrafas de uma gloriosa safra madura já quase esgotada. São acontecimentos relativamente raros, mas que nos proporcionam grandes emoções.

A COMPRA

COMO COMPRAR

Como fazer uma boa compra de vinhos ? Qual o lugar mais indicado para tanto? É confiável comprar vinhos por canais alternativos, como telefone ou Internet? Essas questões são freqüentes entre os consumidores e não existem respostas definitivas para elas. A primeira pergunta é especialmente difícil de responder. Quais são os parâmetros para uma boa compra no campo da enologia? Qual é, afinal, o preço da qualidade?

Obviamente não existe um princípio universal válido para todos os vinhos e todas as regiões. Fundamental mesmo é procurar em cada compra uma "boa relação qualidade–preço" – a qual pode ser propiciada tanto por uma simples garrafa de R$ 30 quanto por uma preciosidade de R$ 3.000 (ou muito mais). Alguns vinhos, por mais caros que sejam, revelam na taça que valem cada centavo investido – afinal, é isso que caracteriza uma boa compra. Na outra ponta, há vinhos bem acessíveis cuja qualidade se mostra proporcionalmente bem superior ao preço. Nesse sentido, não há nada melhor do que pinçar uma modesta garrafa da prateleira do supermercado e, depois de abri-la, ser surpreendido por seu rico conteúdo. É óbvio que, em ambas as situações de compra, o conhecimento e a competência do comprador ajudam muito. Ler, provar e trocar impressões com quem tenha sensibilidade para vinhos e comida é a melhor maneira de aprender a escolher.

Da parte dos produtores, pelo menos os melhores entre eles não precisam recorrer a ofertas promocionais ou a canais especiais (catálogos, telemarketing, televendas) para distribuir seus produtos. No entanto, vale ressalvar que existem alguns catálogos de selecionadores de vinhos (italianos e de outros países) que, de fato, propõem excelentes rótulos a preços competitivos. Antes de comprar, contudo, devem-se comparar os preços com os das lojas especializadas e verificar se os vinhos são estocados e conservados corretamente.

Por fim, a Internet. Depois dos livros e CDs, os vinhos constituem um dos novos fenômenos de vendas do comércio virtual. Multiplicam-se os *sites*, italianos e de outros países, que comercializam os melhores vinhos. Basta escolhê-los ao navegar pelas páginas eletrônicas de catálogos às vezes abarrotados de ofertas. Nesse caso, valem os mesmos conselhos sugeridos anteriormente: comparar os preços e procurar a garantia de boa conservação dos produtos. Tendo esse cuidado, a Internet pode ser um excelente meio de ter entregues em casa, em poucos dias, rótulos que dificilmente seriam distribuídos nas regiões onde vivemos.

Das prateleiras da loja (acima) aos recursos multimídia (como os CD-ROMs da Enoteca Italiana, no centro), multiplicam-se os instrumentos de orientação ao enófilo no mar de ofertas e modalidades de compra disponíveis – algumas garantem até a entrega em domicílio de caixas com os vinhos escolhidos.

BIBLIOTECA DO VINHO

Numa relação que remonta às origens da civilização, homem e vinho já somam pelo menos 30 mil anos de vida em comum – há vários indícios disso, de uvas mumificadas achadas em tumbas egípcias à árvore da vida, símbolo cósmico na epopéia de Gilgamesh e na Bíblia. Trata-se de uma longa história, durante a qual a própria vida espiritual parece impossível sem a sagrada bebida. Vinho na religião, vinho na poesia: Homero, Hesíodo, Horácio, Virgílio, Ovídio foram precursores da filosofia do beber, grupo que inclui até Cristo – "Eu sou a vida" –, que consagrou o vinho como símbolo do sacrifício e da redenção. Entre significados sacros e profanos, o néctar dos deuses continua a fascinar a razão e a sensibilidade modernas.

No cenário internacional, a vinicultura se expande para novas terras e multiplicam-se os produtores, mas a Itália permanece com a primazia histórica de ser o berço da civilização do beber. São inumeráveis os rótulos e as variantes dos cultivos tradicionais, diferentes não só de região para região, mas de vinha para vinha de uma mesma encosta. Alguns estudiosos assinalam 21 Denominações de Origem Controlada e Garantida (DOCG), 284 Denominações de Origem Controlada (DOC) e 116 Indicações Geográficas Típicas (IGT), dados que a Enoteca Italiana se encarrega de atualizar em suas publicações, essenciais para orientar o enófilo no labirinto da variada produção da Itália.

Em Siena, a sede da Enoteca Italiana fica no interior dos bastiões nordeste da fortaleza dos Médici (robusto e harmonioso testemunho da arquitetura militar do século XVI), construída pelo urbanista Baldassarre Lanci para Cosimo de Médici. São salas, corredores, curvas e segredos que já estiveram a serviço de soldados, armas e munições, mas hoje abrem-se à reverente invasão de milhares de visitantes que se dirigem ao local para conhecer e degustar os melhores vinhos da Itália. Uma prestigiosa coleção está abrigada na Enoteca, que, assim como uma biblioteca, arquiva, conserva e é aberta à consulta.

Não se trata apenas, portanto, de uma vitrine do "vinhedo Itália", mas da própria memória histórica do bem beber, continuamente atualizada sob o signo da qualidade. Na Enoteca

Italiana de Siena, instituição pública única no mundo e reconhecida por decreto do presidente da República, as boas garrafas exprimem suas histórias, assim como fazem os bons livros. Pode-se refletir sobre os rótulos em meio ao

silêncio das salas de exposição; sobre os vinhos, degustando-os no wine bar, às vezes junto com combinações gastronômicas que lhes ressaltam os aromas; sobre os livros, adquirindo as publicações da entidade. O espaço abriga, ainda, mostras e convenções, além de banquetes e festas, uma vez que a Enoteca Italiana é como o vinho: viva, dinâmica e diferente a cada dia.

São numerosos os serviços que a instituição oferece aos visitantes. Na wine shop, a Enoteca conserva e comercializa os melhores vinhos da Itália: assim, o vinho testado numa degustação pode ser adquirido no mesmo local. Depois de ouvir as dúvidas e demandas dos curiosos visitantes, sommeliers treinados ajudam a escolher o vinho certo para cada ocasião, com a melhor relação preço–qualidade – dicas úteis para quem planeja um grande jantar, pretende montar uma adega ou coleção ou apenas quer presentear os amigos com um vinho especialíssimo.

No verão, sob as pérgolas, e no inverno, em salas íntimas, é possível degustar e provar os produtos típicos propostos pelo wine bar. Não faltam as visitas guiadas a adegas, vinhedos e áreas de produção recentes ou tradicionais. Enfim, na Enoteca Italiana podem ser adquiridas obras científicas e técnicas e acessórios para profissionais.

A ADEGA IDEAL

Segundo as estatísticas, a maioria dos amantes da arte de beber tem preferência por vinho tinto. Um velho ditado ilustra essa predileção: "Quase todos os grandes vinhos são tintos e quase todos os grandes brancos são doces". Por isso, numa presumida adega doméstica ideal não devem faltar de quatro a seis garrafas de tintos do Piemonte (Barolo ou Barbaresco, principalmente) e de quatro a seis tintos da Toscana (Chianti Classico Riserva, Vino Nobile di Montepulciano, Brunello di Montalcino). Deve haver espaço para duas garrafas de Cabernet e duas de Pinot Nero (melhor ainda se provenientes do Trentino ou do Alto Adige), duas de Amarone della Valpolicella, quatro de tintos do Centro-Sul (Taurasi, Salice Salentino, um grande siciliano como Faro ou Etna) ou, ainda, alguns vinhos de mesa à base de Cabernet (os da Sardenha são bons) e também um bom par de Carignano del Sulcis. Para terminar, seis grandes tintos de outras nacionalidades. São, portanto, três dezenas de garrafas de ótimos tintos. As safras a serem escolhidas: 1985, 88, 90 e 93, 95, 97 e 98 para todos, e 1989 apenas para os piemonteses e franceses.

Quatro tintos obrigatórios para uma adega ideal: um Barolo e um Chianti Classico (nesta página, ao lado), um Sangiovese di Romagna e um Dolcetto (na página oposta). Ainda na página oposta, embaixo: só a loja especializada oferece um sortimento de qualidade e conservado em condições ideais.

Quanto aos brancos, a escolha deve recair antes de mais nada sobre os vinhos aromáticos de aperitivo: Gewürztraminer dell'Alto Adige, Moscato Secco del Trentino, Riesling Renano dell'Alto Adige, duas garrafas

para cada tipo. Depois, 12 garrafas de um branco seco para peixe – a escolher entre Gavi, Pinot Grigio del Collio, Soave Classico ou Bianco di Custoza, Verdicchio del Castelli di Jesi, Orvieto, Frascati, Greco di Tufo, Etna Bianco, Alcamo Bianco, Biancolella d'Ischia, Vermentino di Gallura. A escolha depende da preferência, mas também da disponibilidade dessas variedades.

Cinco ou seis garrafas de espumante italiano Método Clássico, duas ou três de champanhe (de preferência, de pequenos produtores, para dar mais charme à coleção), seis de Prosecco di Conegliano e um par de Cartizze doce ou de Asti completam a adega básica do bom bebedor. Mas também é preciso prever algumas garrafas de vinho doce: um Passito di Pantelleria ou um Malvasia delle Lipari, um Orvieto, um Verduzzo di Ramandolo, um Moscato natural d'Asti (até os abstêmios gostam) e um Sauternes (que pode ser combinado com queijos cremosos e com especiarias, como o *taleggio* ou o *camembert*).

No total, portanto, chega-se mais ou menos a outras 35 garrafas. Somadas às 30 anteriores, totalizam uma coleção de pouco menos de 70 rótulos. O investimento para tanto está longe de ser baixo – sem contar que há as despesas de manutenção das provisões –, mas resulta numa excelente adega. Além disso, com o tempo, é provável que algumas dessas garrafas se valorizem bastante, o que pode contribuir para financiar esse fascinante *hobby*.

ONDE COMPRAR

Nas grandes cidades, as lojas especializadas (ou enotecas) são o melhor local para adquirir vinho. O enotecário é um profissional de confiança, a quem podemos consultar sobre combinações e vinhos. De uns tempos para cá, no entanto, algumas grandes cadeias de supermercados vêm oferecendo boas seções dedicadas a vinhos de qualidade. Para alguns produtos – espumantes e vinhos brancos de grande demanda, por exemplo –, o supermercado cobra preços competitivos. Já para os grandes vinhos, sejam tintos ou brancos, convém procurar a loja especializada: com maior sortimento, esse tipo de casa seleciona os produtos dando mais atenção à qualidade (e não apenas ao preço) e tem locais mais adequados para a conservação e a estocagem. Além disso, quase todas as enotecas fazem entregas em domicílio e dispõem de seções de alimentos finos – tais como massas, azeite, itens de confeitaria, frios e doces –, de fornecedores de alto nível.

DIFERENÇAS ENTRE PRODUTORES

Ao viajar pela região produtora de seus vinhos prediletos, o apreciador da bebida não pode perder a oportunidade de comprar algumas caixas diretamente do produtor. O motivo passa longe da economia, uma vez que o preço deve sair apenas de 15% a 20% abaixo do praticado pelo varejo. Imperdível,

Acima, visita à enoteca de um produtor; embaixo, à esquerda, antigas adegas monumentais de outro vinicultor, também abertas ao público. Atividades de visitação como essas fazem parte do programa Adegas Abertas, organizado pelo Movimento do Turismo do Vinho, na Itália.

na verdade, é a oportunidade de visitar a empresa, com suas vinhas e adegas, e de entender como nasce o vinho que tanto apreciamos. Vale a pena visitar as vinícolas, ou seja, os fabricantes que transformam em vinho apenas a uva proveniente das vinhas de sua propriedade – onde, portanto, verifica-se uma relação mais verdadeira e sólida entre a terra e o produto acabado. Existem outras empresas que se limitam a adquirir uvas: são os transformadores-engarrafadores, que não possuem vinhedos, mas, em geral, compram uvas rigorosamente selecionadas. Nesse grupo de empresas estão alguns fabricantes de altíssimo nível e também se encontram os que praticam preços bem competitivos, mas seu fascínio é menor do que o das vinícolas.

A relação com a terra é ainda mais remota quando se fala nas engarrafadoras. Nessas empresas, que adquirem o vinho dos produtores e o revendem sob marca própria, os preços são bem mais acessíveis.

Por toda a Itália ainda florescem novos caminhos para quem quer conhecer mais sobre o vinho. Iniciativas como a das Adegas Abertas, organizadas pelo Movimento do Turismo do Vinho, têm justamente o objetivo de guiar o aficionado entre os milhares de aspectos da enologia de qualidade.

A CONSERVAÇÃO

Para conferir se um local é adequado à conservação do vinho, levam-se em conta fundamentalmente dois parâmetros: a umidade e a temperatura. O vinho deve ser conservado a uma temperatura entre 10°C e 15°C. Um ambiente um pouco mais frio não acarreta problemas, mas, se o termômetro se aproximar dos 20°C, convém buscar outro local: o calor acelera a maturação e acarreta o risco do envelhecimento precoce da bebida. Quem tem espaço físico adequado, mas com temperatura muito elevada, pode recorrer à climatização do ambiente, caso a despesa correspondente seja justificada pelo capital investido nas garrafas.

Outro fator crítico: a umidade deve ficar em torno de 70% a 75%. Se de um lado o vidro da garrafa assegura ótimo isolamento específico, de outro a rolha, que é o elemento mais delicado, pode ressecar se exposta a um ambiente muito seco.

Acima: a posição deitada é a mais adequada para a conservação das garrafas. À esquerda, dois brancos do Friuli para a adega ideal. Na página seguinte, um armário-adega e mais dois vinhos para a adega ideal: um Greco di Tufo e um Gewürztraminer.

Também é uma regra universal manter as garrafas deitadas sobre as prateleiras (de preferência, de madeira, pois o material absorve e atenua eventuais vibrações, que podem ser prejudiciais), para que a rolha mantenha sua integridade: a idéia é evitar que ela resseque e perca volume – caso isso aconteça, o oxigênio invade a garrafa, prejudicando irremediavelmente o conteúdo.

Tanto as paredes como o chão da adega não podem "respirar", ou seja, é melhor evitar qualquer tipo de revestimento impermeável. Mesmo a luz é um grande inimigo do vinho: mantém-se o ambiente o tempo todo no escuro, acendendo-se a luz somente durante o intervalo mínimo indispensável.

Esses requisitos talvez pareçam demandantes, contudo não é o caso de desanimar: às vezes, bastam algumas pequenas obras de adaptação, como isolar um encanamento de água quente ou uma parede com umidade, para resolver o problema. Muitas vezes, a pessoa já dispõe de local adequado e nem se dá conta disso: um vão de escada ou o quartinho de despejo, por exemplo, podem ser facilmente adaptados. Quem não tem o ambiente ideal nem espaço para soluções alternativas, deve recorrer ao armário-adega. É um tipo de geladeira especial, que permite conservar, nas condições mais adequadas, um número limitado de garrafas. A variedade de fabricantes e preços é enorme.

TEMPERATURA CERTA

Cada vinho tem uma temperatura ideal: para o branco, ela oscila entre 6°C e 14°C; para o tinto, vai de 14°C a 18-20°C. Os vinhos tintos provenientes de uma adega fria não exigem cuidados particulares, ganhando 3-4°C de temperatura depois de poucos minutos, e talvez mais um grau na taça. No caso de um tinto, em geral é melhor bebê-lo um pouco mais frio do que um pouco mais quente.

Os brancos podem descansar algumas horas na geladeira ou alguns minutos no balde de gelo. Duas coisas, porém, devem ser evitadas. A primeira é deixar as garrafas na geladeira por semanas. O frio faz a rolha se contrair e, com o tempo, ela perde elasticidade e deixa o ar entrar, deteriorando o vinho. Também não se deve pôr o vinho no congelador para esfriá-lo depressa. O choque térmico certamente não faz bem à bebida e, além disso, a garrafa pode se estilhaçar.

Muito melhor é usar os revestimentos térmicos à venda nas boas lojas. Basta deixar um par deles sempre no congelador e envolver a garrafa neles na hora de servir. Em poucos minutos, o vinho branco ou o espumante estarão prontos para o consumo. Com a vantagem de que tais acessórios podem ser reutilizados infinitamente.

A QUALIDADE

Para compreender bem a hierarquia de qualidade dos vinhos italianos da atualidade, vale a pena compará-la ao esquema de uma pirâmide subdividida em quatro níveis.

No primeiro nível, o da base da pirâmide, encontra-se o vinho de

Grande vinhedo nas encostas de uma colina na Toscana central. Os quatro níveis da "pirâmide da qualidade", nos quais se subdividem os vinhos italianos, foram estabelecidos segundo critérios como o vinhedo de origem das uvas empregadas na produção de cada bebida.

mesa (*vino da tavola*) genérico, que geralmente tem apenas uma referência de cor (branco, tinto, rosê), além do nome e da marca da empresa engarrafadora. Em suma, trata-se de uma bebida de categoria mais simples, que pode ser resultado de um *blend* de uvas ou vinhos provenientes de diversas áreas geográficas, de variedades diferentes e de mais de uma safra, feito com o objetivo de criar um novo vinho de caráter frutado e harmônico.

No segundo nível da pirâmide estão os vinhos com Indicação Geográfica Típica, os IGT, que ocupam um patamar intermediário entre o dos vinhos de mesa genéricos e aqueles com denominação de origem (DOC e DOCG). Os elementos característicos dos IGT são principalmente a indicação da área geográfica de onde se originaram (Toscana ou Úmbria, por exemplo), da videira de base (por exemplo, Sangiovese) e do ano da safra.

CONTROLADOS E GARANTIDOS

Os sistemas de Denominação de Origem Controlada (DOC) e Denominação de Origem Controlada e Garantida (DOCG) nasceram na Itália nos primeiros anos da década de 1960, mais precisamente em 1963. O primeiro vinho que teve delimitada sua área de origem e regulamentada sua produção foi o Vernaccia di San Gimignano, um célebre branco da Toscana. Seguiram-se em pouco tempo numerosos reconhecimentos para todos os outros vinhos da tradição enológica italiana, do Chianti ao Barolo, do Amarone ao Brunello di Montalcino.

Cerca de 30 anos mais tarde, sentiu-se a necessidade de proceder a uma nova regulamentação, sempre inspirada nos princípios-guia ditados pela União Européia e que servem de base para a legislação dos demais países membros.

Hoje existem na Itália aproximadamente 300 DOC e DOCG, e dentro de cada uma delas está prevista a produção de diversos tipos de vinho. Juntos, eles totalizam cerca de 3 mil tipos de vinho – cada qual com suas características peculiares.

O terceiro nível da pirâmide é ocupado pela categoria mais nobre, a dos vinhos DOC, ou seja, com Denonimação de Origem Controlada. Essa sigla sempre aparece no rótulo, sob o nome do vinho. Trata-se de bebidas produzidas numa área bem determinada. Suas características enológicas, químicas e organoléticas são fixadas *a priori* em regulamentos de produção, chamados *Disciplinari*.

Esses *Disciplinari* estabelecem, além dos tipos de vinho a produzir (como Vendemmia Tardiva ou Rosso Riserva), também as quantidades de uva que podem ser obtidas por hectare, as variedades cujo uso é permitido e, ainda, a proporção de transformação de uva em vinho e o tipo e duração do eventual envelhecimento. Na prática, todo o ciclo de produção, do vinhedo à garrafa, é controlado por organismos estatais especializados. Ainda assim, antes da comercialização, esses vinhos são submetidos a análises químicas e organoléticas realizadas por

comissões especiais de degustação, formadas em cada câmara de comércio, que têm o objetivo de checar se a bebida em questão atende aos requisitos prescritos pelos protocolos de produção.

Nos vinhos DOC, diferentemente dos vinhos IGT, pode-se encon-

Acima, transição de DOC para DOCG na evolução dos rótulos de uma mesma casa de produção. Conforme se sobe na pirâmide da qualidade, os Disciplinari *tornam-se mais rigorosos; uma das prescrições referentes ao DOCG é a proibição de produzir garrafas com mais de 5 litros. Na série de garrafas de Brunello di Montalcino (abaixo, à direita) há vasilhames de 375 ml a 5 litros. Abaixo, à esquerda, e na página oposta, mais duas garrafas com presença garantida numa adega ideal: a partir da esquerda, um Brunello di Montalcino e um Spumante Metodo Classico.*

trar ainda a indicação de uma sub-região (por exemplo, Valtellina Superiore Sassella), assim como a numeração da garrafa. Existe, portanto, uma série de indicações particulares reservadas para essa categoria. As mais importantes são: "Riserva", para vinhos de grande qualidade adequadamente envelhecidos, e "Superiore" ou "Auslese", para aqueles que tenham gradação alcoólica e características superiores às dos vinhos da mesma DOC. Por exemplo, o Frascati tem uma gradação alcoólica mínima de 11 graus, mas recebe a classificação de Frascati Superiore caso apresente 11,5 graus. De forma análoga, o termo "Classico", portanto, é atribuído a vinhos que, dentro do âmbito de uma região muito ampla, tenham sido produzidos naquela área chamada de "mais antiga" e de maior valor – isso diferencia o Valpolicella do Valpolicella Classico.

Acima, análise organolética realizada durante concurso de enologia, em que se atribui a categoria mais adequada a um vinho: é preciso mais de um exame desse tipo para que a bebida possa subir de patamar na pirâmide de qualidade italiana. Abaixo, jovens produtores dedicam-se ao controle de algumas garrafas nas adegas de uma empresa.

No vértice da pirâmide aparecem os vinhos de Denominação de Origem Controlada e Garantida, os DOCG. Estes somam mais ou menos 20, e abrangem do piemontês Asti ao Vermentino di Gallura, da Sardenha. A lei fixa em 5 litros a capacidade máxima das garrafas comercializadas. Cada garrafa deve trazer o selo de Estado, uma pequena faixa de papel da República Italiana. A inscrição DOCG é reservada a vinhos particularmente prestigiosos, ou seja, aqueles que tenham figurado por um período de pelo menos cinco anos entre os vinhos DOC, sendo aprovados em dois exames baseados em análises organoléticas e químicas.

Conforme o vinho sobe rumo ao topo da pirâmide, naturalmente os *Disciplinari* de produção tornam-se cada vez mais restritivos, impondo requisitos de produção mais rigorosos. Segundo as normas da comunidade européia, as duas primeiras categorias de vinho citadas – os de mesa e os IGT – são identificadas como vinhos de mesa, ao lado dos *vins de table* e dos *vins de Pays* franceses e dos *Tafelwein* e *Landwein* alemães. Já os DOC e DOCG são classificados num mesmo grupo, o dos VQPRD (Vinhos de Qualidade Produzidos numa Região Determinada), ao lado dos vinhos AOC franceses e dos *Qualitätswein* germânicos.

Acima, exemplo de viticultura especializada intensiva numa empresa agrícola italiana. Abaixo, mais duas garrafas para a adega ideal: um grande tinto toscano (à esquerda) e um Barbaresco.

Nos últimos anos os produtores italianos perceberam a importância de qualificar com mais detalhes as bebidas originárias de vinhedos de prestígio, ou seja, aqueles dotados de melhores características geomorfológicas e que tradicionalmente têm fornecido vinhos de nível superior ou de caráter diferente em relação aos vinhedos vizinhos. Enquanto na França se aplica o conceito de *cru*, na Itália existe o "vigna", menção regulamentada por lei, reservada antes de mais nada aos vinhos DOC e DOCG e acompanhada obrigatoriamente do topônimo, isto é, do nome do lugar. Não se pode, porém, utilizar o nome de uma região geográfica, pois entende-se essa denominação como um patrimônio coletivo, e não exclusiva de um único produtor. Aceita-se, porém, a designação de uma subzona.

A lei prevê controles muito rígidos para os vinhos que trazem no rótulo o nome do vinhedo: a superfície de terra é identificada no mapa cadastral e as uvas provenientes dessa área têm de ser vinificadas separadamente.

O RÓTULO

Todo o complexo sistema de classificações dos vinhos e de suas denominações se estende também à questão da rotulagem. O rótulo, na verdade, desempenha papel fundamental não só porque orienta a escolha dos consumidores, mas por transmitir uma série de informações importantes sobre o vinho e suas características. Conseqüentemente, deve conter indicações claras, completas e comprováveis. Ciente dessa necessidade, a União Européia estabeleceu normas precisas sobre o assunto, de maneira a uniformizar a rotulagem em território europeu.

Em cada rótulo encontram-se, portanto, o nome do vinho (Barolo, Chianti, Frascati etc.), a categoria à qual pertence (vinho de mesa, DOC etc.), o nome e a razão social do engarrafador e sua sede. A gradação alcoólica é expressa em percentual de volume; no caso dos vinhos suaves ou doces, que têm um resíduo de açúcar, a indicação de gradação efetiva é seguida do sinal "+", da gradação alcoolométrica potencial que os açúcares não-fermentados poderão acrescentar (10+2% vol.) e da quantidade do produto, isto é, o volume nominal da garrafa, expresso em litros, centilitros ou mililitros.

Esses são os elementos obrigatórios nos rótulos de qualquer tipo de vinho. Mas há ainda outras indicações que podem constar do rótulo para ilustrar com mais precisão o valor e a qualidade da bebida. É o caso, por exemplo, das recomendações relativas ao acompanhamento gastronômico ("particularmente adequado para pratos à base de peixe", "ideal com assados e caças" etc.), à temperatura ideal para o consumo, às modalidades de serviço ("servir com cautela" ou "abrir algumas horas antes de consumir", indicações típicas dos vinhos tintos envelhecidos).

GRANDES VINHOS DE MESA

Desde a década de 1980 tem ocorrido um fenômeno singular no universo da enofilia italiana. Vinhos de alto valor e de fórmula produtiva inovadora começaram a ser comercializados como simples vinhos de mesa, mesmo tendo preços tão altos quanto os dos melhores DOC. Para criar essas bebidas, o produtor rejeitou as diretrizes dos **Disciplinari** ***e buscou soluções inéditas no que se refere ao processamento das uvas, ao envelhecimento e assim por diante.***

É o que ocorreu, para citar apenas duas regiões, com os "Supertoscanos" e com os grandes vinhos de mesa do Piemonte, conhecidos pelos apreciadores mais exigentes em todo o mundo. Em anos mais recentes, porém, muitos desses vinhos, já consolidados como "clássicos", obtiveram o reconhecimento DOC – como o célebre Sassicaia, que se tornou Bolgheri Sassicaia DOC. Muitos outros devem seguir o mesmo caminho.

O RÓTULO

1 Todo rótulo deve apresentar a natureza merceológica do produto ao qual se refere. A denominação "vino da tavola" (vinho de mesa) indica que a bebida pertence à categoria mais baixa da pirâmide da qualidade.

2 O nome do engarrafador e sua sede devem sempre constar do rótulo de um vinho. A sede, no entanto, não indica que o vinho deriva de uvas cultivadas naquela área: pode ser o resultado de vinhos provenientes também de outras áreas geográficas. Para indicar que o vinho deriva da própria área que figura como sede do engarrafador, o nome deste último deve vir precedido da expressão "Imbottigliato all'origine" (engarrafado na origem), que significa que todo o ciclo relativo ao cultivo das uvas, à vinificação e ao engarrafamento ocorreu sob o comando de uma única pessoa.

3 Número do lote do qual provém o vinho engarrafado.

4 Volume nominal do recipiente.

5 Gradação alcoolométrica efetiva.

O RÓTULO

1 Marca, ou seja, o instrumento que permite ao consumidor identificar imediatamente o produto. Pode ser constituída por emblemas ou ilustrações (brasão, paisagem, imagens de adega ou de vinhedo etc.) e tem significado puramente comercial.

2 O termo "amabile", assim como "secco", "abbocato", "dolce" e similares, refere-se à tipologia do produto e está relacionado ao teor dos açúcares presentes no vinho.

3 Nos vinhos que contêm açúcares ainda não transformados em álcool (vinhos doces, amáveis etc.), a gradação alcoolométrica pode vir indicada pela soma da gradação alcoolométrica efetiva com aquela potencial (ou seja, os graus que o vinho poderá ainda produzir se os açúcares vierem a fermentar totalmente).

O RÓTULO

1. Área geográfica de onde provém o vinho.
2. Expressão indicativa de que não se trata de um produto genérico como o vinho de mesa, mas sim de um vinho feito de uvas cultivadas numa área geográfica bem determinada e cuja produção respeitou as normas contidas no respectivo *Disciplinare*, o que é garantia de determinada qualidade.
3. Cor de base do vinho.
4. Indicação do ano em que foram colhidas as uvas.
5. Às vezes o rótulo pode trazer o nome da empresa comercial (restaurante, enoteca, supermercado ou outro) para a qual o vinho foi produzido. Essa indicação refere-se exclusivamente ao local preferencial em que aquela garrafa de vinho está sendo vendida.

O RÓTULO

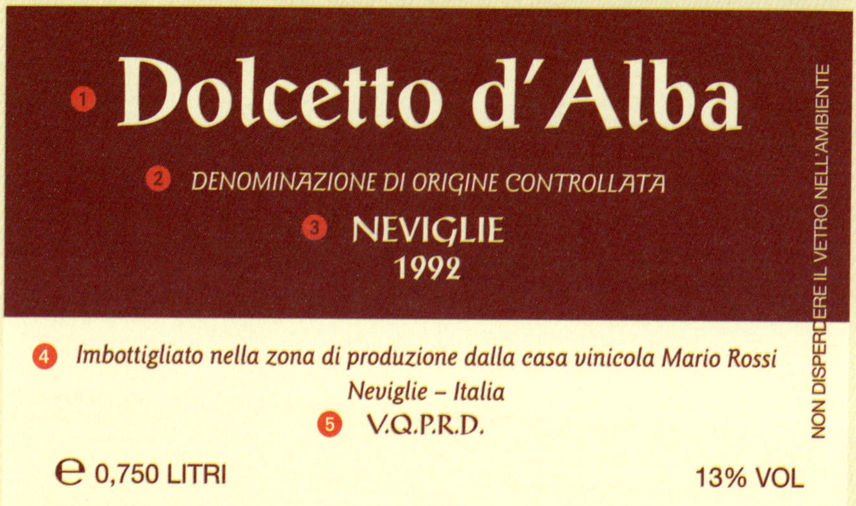

1 Denominação do produto constituída pela combinação das variedades de uvas das quais provém o vinho (Dolcetto) e da área geográfica onde essa variedade é cultivada (Alba).

2 As expressões "Denominação de Origem Controlada" (DOC) ou "Denominação de Origem Controlada e Garantida" (DOCG) significam que se trata de um produto altamente qualificado, obtido segundo a observação de normas rigorosas que garantem uma qualidade elevada.

3 Menção a uma subzona no âmbito do território delimitado de Alba; o vinho em questão provém de uma área específica (Neviglie).

4 A referência à casa vinícola que precede o nome do engarrafador indica que se trata de um comerciante de vinhos que adquire o produto e o engarrafa. A referência a uma empresa vinícola pode ser usada somente se as uvas foram cultivadas e vinificadas naquela companhia.

5 Sigla adotada pela comunidade européia que significa "Vinho de Qualidade Produzido numa Região Determinada", equivalente à italiana "DOC".

O RÓTULO

1. Denominação merceológica do produto. Trata-se de vinho espumante genérico, não de qualidade. Também nos rótulos de alguns espumantes aparecem as inscrições DOC e DOCG, indicando a mesma escala de qualidade que é atribuída a outros vinhos.
2. Nome da variedade de videira da qual provém o vinho espumante.
3. Indicação do teor de açúcares do vinho espumante e, portanto, da tipologia do produto.
4. O termo "elaborato" tem o mesmo significado da palavra "imbottigliato" (engarrafado), presente em rótulos de outros tipos de vinho.

O SERVIÇO

COMO ABRIR

O procedimento para a abertura da garrafa varia conforme a bebida nela acondicionada: um vinho envelhecido exige cuidados diferenciados, assim como o espumante.

À direita, a partir do alto, o passo-a-passo da abertura de um vinho: a) corte da cápsula; b) limpeza da parte externa do gargalo; c) remoção da rolha; d) limpeza do gargalo por dentro. A seguir, o correto é cheirar a rolha (acima), a fim de verificar pelo odor se há algum tipo de anomalia.

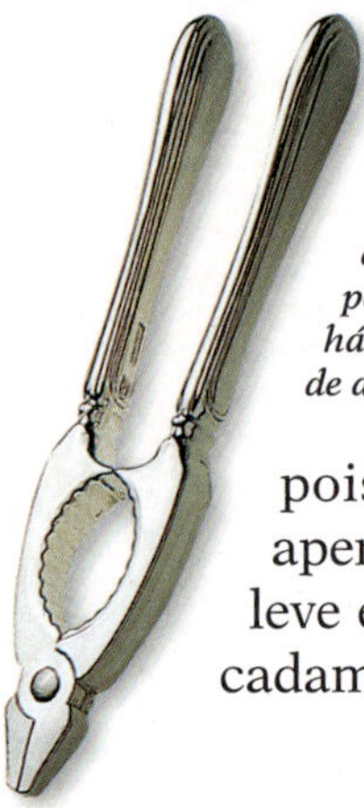

Em geral, coloca-se a garrafa sobre a mesa de modo que os comensais possam ver o rótulo antes de se abri-la. Então, deve-se cortar a cápsula na parte inferior do anel e colocá-la sobre um pratinho. Convém passar um guardanapo limpo sobre a boca e a parte superior da garrafa, para eliminar eventuais mofos ou outros elementos que possam determinar sensações desagradáveis. Em seguida, mantendo a garrafa bem firme com uma mão, insere-se com a outra a ponta do saca-rolhas no centro da rolha de cortiça. Por meio de um lento movimento de rotação, introduz-se toda a espiral metálica na rolha, tendo cuidado para não furar a ponta oposta da cortiça. Nesse ponto, dobra-se a alavanca do saca-rolhas para que fique apoiada na beirada do gargalo da garrafa. Depois, basta manter a alavanca bem apertada contra a borda e aplicar um leve esforço para que a rolha seja delicadamente removida. A última parte do

ritual de abertura consiste em passar o guardanapo na superfície interna do gargalo, para remover possíveis partículas de cortiça. Vale também cheirar a rolha a fim de identificar eventuais características anômalas (cheiro de cortiça, de mofo etc.).

Quando se trata de um espumante, antes de mais nada deve-se retirar a garrafa do balde de gelo e enxugá-la para evitar que fique pingando. Depois de apoiá-la sobre a mesa auxiliar, empunha-se firmemente o gargalo com uma mão segurando a tampa com o polegar, enquanto a outra mão desatarraxa a gaiolinha. Depois de solta, verifica-se se a tampa está bem presa à garrafa. Se sim, basta remover a gaiolinha e deixá-la sobre um pratinho.

A partir desse ponto, convém empunhar firmemente o gargalo (mantendo o polegar sobre a rolha, por segurança) e, com a outra mão, segurar a garrafa pela base. A seguir, aplica-se um movimento giratório na rolha, sempre no mesmo sentido, até removê-la. Caso a operação se revele difícil, é aconselhável usar uma pinça própria para esse fim. Não se deve esquecer que, durante toda a última fase, a garrafa tem de ser mantida inclinada na direção oposta à dos comensais.

Depois de retirar do balde de gelo e enxugar a garrafa de espumante, começa-se a desatarraxar a gaiolinha (acima). Pode-se apoiar a garrafa numa mesa, mantendo-se o polegar firme sobre a rolha. Caso esta se mostre difícil de remover, convém utilizar a pinça específica para essa finalidade (à esquerda).

Presume-se que vinhos tintos particularmente envelhecidos e delicados contenham depósitos. Portanto, antes do consumo, é oportuno mantê-los por alguns dias na posição vertical – e assim, sempre na vertical, deve-se levar a garrafa até a sala de jantar. Na hora de servir, pode-se proceder à mesma seqüência de operações já vista para os vinhos em geral, com o cuidado adicional de movimentar a garrafa o mínimo possível. A diferença está no momento final: a abertura deve ser concluída à mão, inclinando-se a rolha no último instante. Sem essa providência, é

Se recém-retirado da adega, o vinho envelhecido deve ser mantido na horizontal o tempo todo, inclusive no transporte e na abertura. Abaixo, uma coleção de saca-rolhas de várias épocas.

possível que se produza um barulho pouco agradável e que parte do vinho espirre no guardanapo. Para servir, descansa-se a garrafa no cestinho, para que os eventuais depósitos permaneçam na parte baixa da garrafa.

Nos casos em que a garrafa de safra seja escolhida praticamente na hora de servir (circunstância corriqueira num restaurante, por exemplo), deve-se retirá-la da adega e mantê-la na posição horizontal, usando o cestinho para o transporte. A abertura é feita no próprio cestinho, seguida pelo obrigatório processo de decantação.

A ARTE DE DECANTAR E OXIGENAR

Decantar um vinho, ou seja, vertê-lo delicadamente numa jarra ou decantador, é uma operação recomendável principalmente no caso dos tintos envelhecidos, que com o passar dos anos tendem a perder cor e a formar depósitos.

O uso da jarra atende a dois propósitos: decantar o vinho e oxigená-lo. Em alguns casos, na verdade, mesmo que não haja a presença de sedimentos, é igualmente necessário transferir o vinho para a jarra: depois de ficar confinada tanto tempo na garrafa, a bebida precisa de espaço e tempo para liberar seus aromas.

A garrafa nunca deve ser agitada, para evitar que os depósitos se misturem com o vinho. A bebida é despejada lenta e delicadamente na jarra, para que os sedimentos não fiquem em suspensão. É importante pôr uma fonte de luz, como uma vela, sob o gargalo da garrafa: isso permite inspecionar a invasão de depósitos do gargalo

Acima, o delicado ritual da decantação. À esquerda, coleção de garrafas cujo conteúdo certamente precisará ser decantado e oxigenado.

a tempo de impedir que passem para o decantador. O vinho deve ser vertido bem devagar, de modo que o líquido forme no gargalo da jarra um movimento de espiral, que facilita a oxigenação adequada – vale lembrar que o vinho ficou fechado muito tempo num ambiente pobre em oxigênio. Por outro lado, deve-se ter cuidado com a oxigenação excessiva, que pode causar a evanescência total dos aromas de um vinho muito velho, cuja estrutura sempre é frágil.

Também quanto à decantação, não existe uma regra fixa. Só a experiência e um ou outro conselho específico ajudam a decidir a melhor alternativa em cada caso.

QUANDO ABRIR

Abrir uma garrafa de vinho é e deve ser sempre uma experiência maravilhosa. Para que isso aconteça, porém, deve haver condições para que a bebida possa exprimir da melhor maneira possível suas características e personalidade. O vinho é uma matéria viva, com data de nascimento precisa, com evolução determinada e, também, com morte certa. Idealmente, portanto, cada vinho deveria ser degustado no pico de sua escala evolutiva, momento em que é capaz de exprimir a própria harmonia no grau máximo, o que sempre varia conforme o tipo de bebida em questão.

Acima, uma preciosa coleção de Vin Santo. Na página oposta, no alto, a garrafa aberta permanece ao lado da jarra na hora de servir; embaixo, uma seleção de vinhos toscanos de diversas maturidades e estruturas.

Vale a pena examinar esse conceito com atenção. Alguns vinhos atingem seu potencial máximo enquanto ainda mantêm características de frescor e juventude. Obviamente, trata-se de vinhos brancos, pouco perfumados, com boa acidez e pouca estrutura alcoólica, que combinam muito bem com comidas leves, como peixes. Além deles, alguns vinhos tintos também podem apresentar características similares. Tanto num como no outro caso, essas bebidas têm de ser consumidas ainda jovens.

Mas nem sempre é assim. Na verdade, na maioria das vezes o comércio oferece ao consumidor vinhos que ainda precisam de evolução e refinamento, tanto brancos como tintos. Nesses casos, trata-se de vinhos que não têm qualquer personalidade na juventude, seja por uma excessiva presença de taninos, seja por uma maciça dose de acidez. É preciso que atinjam certa maturidade para que possam ser mais bem apreciados, pois o correr do tempo faz com que tais asperezas evoluam, suavizando-se e fundindo-se numa riqueza de nuanças, até resultarem em vinhos complexos.

O tempo necessário para que tudo aconteça varia de vinho para vinho. Pode-se falar em um ou dois anos para alguns tipos de brancos, embora esses mesmos vinhos possam demandar de quatro a cinco anos caso descansem em pequenos barris de madeira, as *barriques*. O mesmo vale para os tintos, com a oscilação indo de um a dois anos (vinhos prontos para beber, pouco tânicos, frescos e fragrantes) e de cinco a seis anos (média estrutura, com boa possibilidade de combinação), até chegar a dez a quinze anos (exemplares de videiras nobres, com grande estrutura alcoólica, complexos).

Além do exame da tipologia – branco ou tinto, jovem ou maduro –, existe outro parâmetro valorizado, variável ano a ano e que ajuda a identificar com precisão o momento ideal da abertura de um vinho: o andamento da safra. É a safra, ou ano, que determina a estrutura da matéria-prima do vinho, a uva. Quanto melhor a safra, mais ricos serão os elementos do vinho, melhor sua qualidade e maiores as possibilidades de que ele tenha longa duração. O consumidor pouco atento, que não se incomoda em consumir vinhos jovens demais, às vezes imaginando até que isso seja sinônimo de qualidade, dificilmente poderá um dia desfrutar as grandes diferenças proporcionadas pelo pequeno detalhe do amadurecimento.

Não existe uma receita segura que ajude a descobrir qual o melhor momento para abrir determinado vinho. O que está a nosso alcance é nos informar, ler revistas e guias especializados e fazer experiências – em suma, formar um bom repertório de conhecimentos e usá-lo como base, mesmo que às vezes isso nos leve a erros. Faz parte do aprendizado.

A ROLHA

A rolha é o complemento da garrafa, e nunca se deve subestimar sua importância. Sua introdução permitiu que a enologia desse um extraordinário salto adiante, uma vez que representou finalmente a possibilidade de conservar os vinhos de maneira adequada dentro dos recipientes usados diretamente para o consumo.

Entrada de uma adega secular: a introdução da rolha de cortiça tornou possível conservar o vinho, por longo tempo, nos próprios recipientes usados para seu consumo.

Depois de diversas tentativas envolvendo pergaminho, estopa, pano, crina de animais e outros materiais, chegou-se à cortiça. A idéia de empregá-la é atribuída a Dom Pérignon, que teria se inspirado no costume dos peregrinos espanhóis de tapar suas rústicas *botas* de vinho com pedaços de cortiça toscamente recortados.

A cortiça tem qualidades que a tornaram, até agora, insubstituível: porosidade, leveza, elasticidade, impermeabilidade, isolamento. Tudo isso se deve ao fato de que cada centímetro cúbico dela contém centenas de células agregadas com muito ar. Existem diversos tipos de rolha de cortiça, cada qual usado conforme a nobreza do vinho que tenha de proteger. Geralmente, para os vinhos de prestígio e envelhecidos, recomenda-se empregar rolhas compridas (de 4 a 6 cm), enquanto para os espumantes será preciso escolher aquelas de determinada largura e elasticidade. São comercializados cinco tipos básicos de rolha:

- monolítico
- granular aglomerado
- composto de fatias de cortiça natural e de aglomerado
- composto de seções de cortiça natural
- de alta tecnologia (sem substâncias nocivas, mas que conserva a suberina).

Às vezes, uma cortiça de má qualidade pode transmitir ao vinho um desagradável e irreparável "sabor de rolha". Esse problema pode ter como causa a própria cortiça, ou a presença de pequenos parasitas ou mofos desenvolvidos em suas fendas, ou, ainda, o cloro utilizado no alvejamento do material. Pode acontecer também de o odor de rolha ser fugaz: nesse caso, é só descartar os primeiros centilitros da bebida. Um vinho que ficou mesmo impregnado, porém, é intragável. Para verificar se o vinho apresenta ou não esses inconvenientes, desenvolveu-se o costume de cheirar com discrição a rolha da garrafa antes de servir o conteúdo aos convidados.

Uma menção particular deve ser feita às rolhas de polietileno, usadas principalmente para tapar garrafas de espumantes consumidos ainda jovens. Inatacáveis pelo vinho, elas têm um coeficiente de permeabilidade gasosa superior ao da cortiça e são pouco elásticas. Conseqüentemente, proporcionam uma vedação menos adequada. Em favor de seu emprego, no entanto, há fatores como o baixo custo e o fato de não oferecerem o risco de impregnar o vinho com "sabor de rolha".

À esquerda, de cima para baixo, três tipos de rolhas de cortiça: monolítico, aglomerado e fatiado. Acima, extração de uma placa de cortiça.

Outras tampas de uso comum são as de rosquear, empregadas principalmente em garrafas pequenas. Para o revestimento interno costuma-se usar cápsulas de alumínio ou plástico termo-retrátil. A última geração de rolhas é representada pelas Supremecorq, que já vêm sendo usadas por muitos grandes produtores.

AS TAÇAS

As taças devem atender a certas características, ditadas não apenas pela estética, mas também pelas "exigências" de determinados vinhos. Por isso, a taça ideal para um vinho de gosto muito fresco e acídulo deve ter um formato que dirija a bebida para as laterais da língua, pontos que percebem esses sabores. Da mesma forma, um grande vinho envelhecido de buquê amplo e complexo precisa rodar na taça para liberar aromas, pedindo um modelo bojudo e amplo, com bordas que se fechem suavemente.

Pode-se dizer, em suma, que cada tipo de vinho tem uma forma

Acima, os sete tipos mais difundidos de taça de vinho, colocados lado a lado para destacar suas proporções relativas.

ideal de copo, ainda que todas as taças respeitem e compartilhem uma série de características de base.

Os dois tipos de taça mais especiais são a *flûte* e a copa. A *flûte* foi concebida para que a fonte de borbulhas (*perlage*) – que se solta de um espumante e sobe para a superfície de modo uniforme e contínuo – seja estimulada pelo fundo estreito e pelas paredes quase paralelas da taça. Por sua vez, a estreita embocadura tem o papel de fazer convergir com precisão para o nariz os tênues aromas, que tendem a se dispersar rapidamente.

Acima, a partir da esquerda: copa para espumantes doces, desenhada para liberar aromas acentuados; flûte *para espumantes secos, que permite a liberação adequada de anidrido carbônico pela bebida; cálice para vinhos brancos jovens e razoavelmente frescos, cuja abertura é adequada para dirigir a bebida para as laterais da língua; taça para brancos de maior estrutura e relativo envelhecimento, que assegura maior superfície de contato do vinho com o oxigênio, a fim de que a bebida reencontre mais rapidamente seu equilíbrio depois do tempo de permanência na garrafa.*

Acima, a partir da esquerda: taça larga e aberta para valorizar a delicadeza do vinho rosê; cálice levemente alongado para tintos jovens, incluindo os frisantes; copa ampla e bojuda, que permite rodar em seu interior os grandes tintos, a fim de proceder à oxigenação e liberar seus intensos aromas; taça para vinho de sobremesa. Abaixo, o ballon *tem formato concebido para ser seguro pela mão em concha: perfeito para degustar centenários conhaques e grandes destilados.*

A copa, ao contrário, deve ser usada apenas para aqueles vinhos, como o Moscato d'Asti, cuja alta carga aromática poderia saturar o olfato: a embocadura bem larga da copa propicia uma leve dispersão desses aromas. Donde se conclui que o uso da copa para beber espumantes secos – imagem reproduzida à exaustão em quadros e em filmes de ambientação oitocentista – é um erro grave, que não deve ser repetido.

Existem, por fim, taças especialmente concebidas para destacar as características olfativas dos vinhos licorosos e das aguardentes.

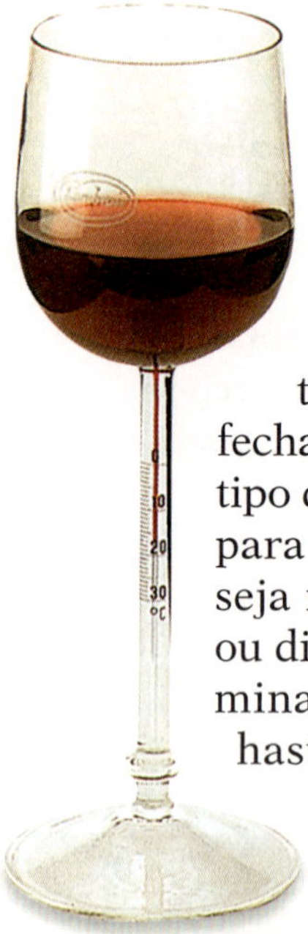

Voltando aos vinhos, a taça deve fundamentalmente permitir distinguir e apreciar, de modo e na medida ideais, as qualidades da bebida. Isso implica alguns requisitos gerais. A taça tem de ser transparente e incolor; deve ter forma ovalada, mais ou menos fechada; sua largura varia conforme o tipo de vinho; a borda tem de se voltar para dentro ou para fora, conforme seja mais adequado para concentrar ou dispersar os aromas daquele determinado vinho. Isso sem esquecer a haste, que, finalmente, precisa ser suficientemente longa para impedir que o calor da mão aqueça o conteúdo da taça.

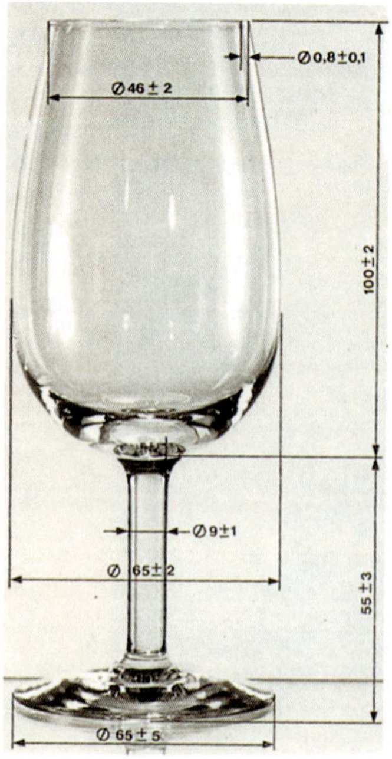

Acima, à esquerda, uma taça singular: o termômetro inserido na haste indica a temperatura do vinho no fundo – portanto, no ponto mais distante da superfície de contato do vinho com o ar. À direita, a taça de degustação ideal segundo a norma ISO (International Standard Organization), universalmente aceita para uso profissional.

COMO DEVE SER

- **No formato de cálice, para permitir a empunhadura longe do nariz.**
- **A haste das taças para vinhos brancos tem de ser mais longa do que a haste para tintos, a fim de evitar que o calor da mão aqueça uma bebida que deve ser degustada fresca.**
- **De espessura reduzida, a fim de facilitar a passagem do líquido para a boca, sem falsear as sensações táteis.**
- **Incolor, para permitir que a pessoa que o prova possa observar todas as nuanças de cor do vinho.**
- **De vidro liso, para permitir uma correta visão dos traços que o vinho deixa na superfície interna, como os pequenos arcos de glicerina.**

COMO NÃO DEVE SER

- **De material metálico ou plástico, para não criar nenhuma microalteração de sabor.**
- **De vidro colorido, pois isso impede a avaliação das cores.**
- **Em forma de gota sem haste, porque não isola o vinho do calor das mãos.**
- **Em formato de vaso, pois ao levá-la à boca, o ar encontrado faz refluir os aromas liberados e os dispersa antes que cheguem ao nariz.**
- **Com a base mais estreita do que a embocadura, pois isso não proporciona suficiente estabilidade quando se descansa a taça na mesa.**

REGRAS À MESA

O número de taças que devem ser dispostas para uma refeição depende do tipo de menu, do serviço que se pretende adotar e do espaço disponível na mesa. Excluindo os banquetes e as recepções formais, vale a regra de colocar na mesa o menor número possível de objetos. Essa precaução serve tanto para não inibir os movimentos dos comensais como para evitar ter de se equipar com uma quantidade excessiva de peças de cristaleira. Já para os grandes

Acima, dois modos de colocar as taças na mesa: à esquerda, apenas o copo de água, em situações nas quais o serviço disponível permite a substituição dos copos a cada mudança de vinho; à direita, todas as taças que serão usadas no jantar são postas à mesa, alinhadas num ângulo de 45º, mas nunca em número superior a quatro.

banquetes, que em geral pressupõem espaços maiores, providenciar o arranjo de todos os objetos de cristaleira valoriza e completa a estética da mesa.

O número máximo de taças a ser dispostas é quatro. Elas devem formar uma fila que parte sempre da ponta da faca grande e se alinhar num ângulo de 45º. No restaurante, é possível colocar na mesa apenas o copo de água; os demais serão acrescentados na medida em que o cliente decidir que vinho vai tomar.

Em casa, se houver empregados, coloca-se na mesa o copo de água e o do primeiro vinho a ser servido. Se não houver empregados para fazer a troca de copos, não há por que não arrumar a mesa da forma mais funcional possível. Colocam-se sobre ela todas as taças (até um máximo de quatro por convidado), dispondo-as a partir da ponta da faca grande e na mesma seqüência em que os vinhos serão servidos: ou seja, o copo de água, a taça de vinho branco, a taça de tinto e, por fim, a de vinho doce. Alternativamente, esta última, assim como a *flûte*, pode ser colocada na mesa só na hora de servir a bebida correspondente. De qualquer modo, jamais se devem servir diferentes vinhos no mesmo copo, pois o aroma do primeiro condiciona a degustação do seguinte.

Na hora de preparar a mesa, as taças podem ser postas de cabeça para baixo para que não peguem pó, mas é imprescindível recolocá-las na posição correta antes de os convidados chegarem. Retira-se cada tipo de taça da mesa assim que se serve o próximo vinho da seqüência, exceção feita ao copo de água, que permanece ali inclusive na hora do café ou dos licores.

Quanto à ordem certa a seguir numa rodada para encher os copos dos convidados, uma boa regra é providenciar para que o vinho seja servido primeiro, e em pequena quantidade, à pessoa que escolheu a bebida, de modo que ela possa se certificar de que suas expectativas foram atendidas. Depois de atestada a qualidade do vinho, começa-se a servi-lo primeiro para as mulheres (as mais velhas na frente), e daí para os homens, segundo o mesmo critério. A última pessoa a ser servida é aquela que experimentou o vinho.

Convém fazer, ainda, algumas recomendações quanto à higiene das taças. O melhor sistema para que cheguem à

MANDAMENTOS PARA SERVIR À MESA

- **Deixar sempre visível o rótulo, evitando cobri-lo com a mão.**
- **Abrir uma garrafa de vinho efervescente sem fazer ruído.**
- **Verter o vinho efervescente lentamente, para não deixar que a espuma transborde da taça.**
- **Manter o pó acumulado sobre a garrafa de um vinho tinto envelhecido, quando transportado no cestinho.**
- **Respeitar a temperatura de serviço ideal para cada vinho.**
- **Se o vinho foi levado à mesa no balde gelo, antes de abri-lo e de servir, é preciso enxugar bem a garrafa.**
- **Envolver num guardanapo a garrafa retirada do balde, para que não fique pingando quando se serve o vinho.**
- **Encher as taças até no máximo dois terços de sua altura total.**
- **Nunca servir duas variedades de vinho numa mesma taça.**
- **Depois de terminar uma garrafa, não se deve afastá-la imediatamente da mesa e, se for mantida no balde, nunca se pode colocá-la de cabeça para baixo.**

mesa rigorosamente limpas e livres de qualquer tipo de odor consiste em lavá-las manualmente ou, então, sozinhas na lava-louça. Neste último caso, que não é o ideal, vale verificar se a máquina tem um programa específico para essa tarefa e moderar o uso de detergente. Assim que o ciclo de lavagem acabar, convém abrir a porta da lava-louça para dispersar o vapor em torno das taças. Se não estiverem perfeitamente secas, faz-se o acabamento com um pano de linho.

A lavagem à mão dá melhor resultado e deve ser feita com água quente, sem detergente. Ao enxugar, é preciso eliminar quaisquer resíduos. Antes de irem à mesa, as taças têm de ser conferidas e, eventualmente, limpas com um pano.

Em alguns casos raros – e somente para grandes vinhos –, momentos antes de servir faz-se o avinhamento da taça: deixa-se escorrer uma pequena porção do vinho pelo vidro, para "lavar" eventuais odores desagradáveis e resíduos de poeira.

TEMPERATURA PERFEITA

Todo vinho tem uma temperatura ideal para ser servido e degustado. A seguir, a tabela desenvolvida pela União Internacional de Enólogos apresenta todas as temperaturas recomendadas, admitindo uma tolerância de 1ºC para mais ou para menos.

⊙ **Espumantes**	**8°C**
⊙ **Brancos e rosês secos**	**10°C**
⊙ **Brancos e rosês meio-secos**	**12°C**
⊙ **Tintos (pouco tânicos e boa cor)**	**14°C**
⊙ **Tintos (meio tânicos e boa cor)**	**16°C**
⊙ **Tintos (tânicos e de cor intensa)**	**18°C**
⊙ ***Passitos* e licorosos**	**8-18°C**

A DEGUSTAÇÃO

POR QUE É BOM

O bom vinho é aquele que agrada. Embora verdadeira em certo sentido, essa afirmação peca pelo simplismo. O conceito de "bom" é muito mais amplo e complexo do que parece. Um especialista na área sempre vai valorizar o conjunto dos vários aspectos, a maior parte deles técnicos, como a elaboração do vinho, as vinhas

mais ou menos adequadas, a arte da degustação, o atendimento aos requisitos da tipologia etc. Já o consumidor comum talvez apenas relembre a agradável bebida que alegrou momentos de sua vida. Para ambos, na base de tudo, o "bom" pode ser associado a um conceito muito simples e imediato: o de algo agradável.

O fator que torna a experiência agradável apóia-se em diversos parâmetros de avaliação: ácido, amargo, salgado e doce, além da sensação tátil. Tudo isso determina a qualidade do vinho. Na verdade, é justamente com esses termos que em grande parte das vezes se indica a qualidade da bebida: seja ela olfativa, gustativa ou gusto-olfativa, é uma visão de conjunto de todos os elementos que a compõem. Uma avaliação representa a síntese entre o julgamento subjetivo e, principalmente, o objetivo. A parte subjetiva provém daquilo que temos dentro de nós – nossa cultura, nossa experiência, nosso modo de reconhecer e avaliar a qualidade –, enquanto a parte objetiva baseia-se em análises feitas a partir de critérios específicos e de elementos próprios do vinho, capazes de torná-lo completamente diferente de qualquer outro.

Para compreender quais são os elementos a considerar antes de fazer um julgamento correto a respeito da qualidade, devem-se levar em conta as características encontradas na maioria das vezes e em diferentes percentuais na estrutura gustativa do vinho: álcool (produz sensações de pseudocalor), ácido (traz sensações de frescor), sais minerais (despertam a clássica sensação de sabor). Existe ainda o tanino (substância adstringente e dura na juventude), presente apenas nos vinhos tintos, uma vez que, na natureza, é encontrado quase exclusivamente na casca da uva.

Se esses são os componentes, uma coisa se pode garantir: o vinho é uma esplêndida matéria viva, dotada de personalidade própria, e não uma equação matemática. A soma dos mesmos elementos nem sempre leva ao mesmo resultado – ao contrário. No caso do vinho, deve-se sempre considerar a influência do imponderável – que pode ser atribuído ao fator humano, à estação do ano, ao fato de o vinhedo estar mais adequado a determinada área, à elaboração da bebida, ao envelhecimento, à conservação, e assim por diante.

Há ainda a degustação e a análise organolética, que são determinantes. Trata-se do único meio disponível de entrar em contato direto com o vinho e receber dele informações detalhadas. Não é preciso ser um especialista para entender os parâmetros de avaliação qualitativa, mas deve-se saber quais parâmetros são examinados. Os elementos estruturais do vinho devem combinar-se entre si num conjunto harmônico, no qual os elementos isolados revelem perfeita fusão com os demais, proporcionando um resultado final de agradável totalidade.

É exatamente no momento final, após a deglutição, que se manifesta ainda um parâmetro de extremo valor: a permanência gusto-olfativa (não se pode esquecer que o gosto é formado em grande parte pelo aroma). Esta última sensação é essencial para a avaliação qualitativa: se for longa e agradável certamente o vinho tem valor. Os instrumentos de avaliação de vinhos estão dentro de nós – só falta saber usá-los.

SENTIDOS EM AÇÃO

A memória de um provador de vinhos é feita de aromas, cores e sabores, mas também de lugares, intuições e personagens. Isso significa que para provar e avaliar vinhos com competência não basta um "bom paladar". É preciso ter repertório multidisciplinar – em botânica, química orgânica, geografia, além de usar um pouco de psicologia. Todas essas qualidades são aprimoradas pelo tempo, pela experiência e pela paixão, assim como acontece com especialistas em música ou em arte. A única diferença: é possível fruir a música e a arte em lugares e épocas diferentes, até por meio de gravações fonográficas ou fotografias. Com o vinho isso é impossível. A extrema evanescência das sensações despertadas ao provar um excelente vinho "vive" apenas no presente e dura tanto quanto o conteúdo da garrafa que foi aberta, tornando-se depois cada vez mais frágil na memória.

Parece um exercício de filosofia, mas são justamente essas sensações intensas e efêmeras que o provador profissional tem o dever de capturar e traduzir assim que seus lábios e nariz se encontram com a borda de um cálice de vinho. No caso, o mais apropriado seria dizer "língua e nariz", uma vez que não são os lábios, mas sim a língua, com sua infinidade de terminações nervosas, que vai desempenhar papel fundamental na degustação. Durante uma prova, a língua do especialista "trabalha" bastante, mas nunca da forma

APAIXONADOS E PROFISSIONAIS

Para um amante de vinho, a degustação não é só uma fonte de prazer e de emoções – é um meio de se comunicar com outros apreciadores, apaixonados e profissionais, utilizando um método de avaliação rápido, seguro e objetivo. A degustação envolve todos os sentidos, mas exige também um empenho mental: atenção, concentração e memória são tão solicitadas quanto os sentidos.

O processo não se exaure numa degustação agradável. É, sim, um verdadeiro exame, que tem como propósito a crítica para a melhora da qualidade do produto. A análise sensorial realizada por profissionais tem entre seus objetivos a determinação do tipo de vinho, a estimativa do preço, a identificação da origem, a comparação entre dois ou mais tipos de vinho, sua classificação, a avaliação dos efeitos de um novo procedimento, a junção de elementos com características constantes, a avaliação das harmonizações com comida, o exame da qualidade e a atribuição de pontuações em concursos.

Quem trabalha no setor pode, assim, certificar-se das condições de um vinho por meio de provas sucessivas, observando a evolução e identificando a qualidade do produto que estão oferecendo ao consumidor. Atualmente, na Itália, o principal problema é a definição de um léxico oficial e padronizado ao qual se possa recorrer para definir as sensações do vinho. A Associação Italiana Sommeliers e a Enoteca Italiana de Siena vêm trabalhando nesse projeto.

mais corriqueira: ninguém fala durante as degustações técnicas, que têm de transcorrer no mais rigoroso silêncio.

Conhecidas essas premissas, por que não pôr os sentidos à prova do mesmo modo como fazem os profissionais? Diante da taça de vinho branco, primeiro pode-se admirar a cor palha com reflexos esverdeados e sentir o perfume delicadamente frutado que a bebida exala ao invadir a boca. Imediatamente, percebe-se uma gostosa sensação de frescor – afinal, o vinho está a uma temperatura próxima de 12ºC, enquanto nosso corpo registra cerca de 37ºC. Logo depois, sente-se a acidez, um tanto similar à do limão, mas ainda assim bem agradável. Por fim, vem a sensação provocada pelo álcool, delicada, mas que não chega a contrabalançar a sensação ácida. Todos esses elementos levam à conclusão de que se trata de um branco meio rascante, talvez um pouco jovem demais, mas bem agradável. Provavelmente, um Riesling dell'Alto Adige de safra recente.

"Girar" o vinho e fazê-lo borbulhar de leve na ponta da língua aquece e areja a bebida, deflagrando uma sensação aromática na parte posterior do nariz. O olfato, se apurado, é a caixa de ressonância do paladar: quando se está gripado, provar vinho equivale a tocar piano com o pedal da surdina acionado.

Ao deglutir, o sabor do vinho fica na boca intensamente por alguns segundos. Quanto mais forte for a concentração dos elementos alcoólicos e aromáticos, maior será essa permanência. No caso do Riesling tomado como exemplo, não há motivo para queixa nesse quesito: o vinho é simples, mas bem-feito, agradável, de discreta concentração. Ficará ainda melhor depois de alguns meses, quando a acidez for mais bem "digerida" pelos outros elementos da bebida.

Chega a vez de provar um tinto. A cor rubi intensa, por exemplo, pode preceder um aroma de fruta vermelha, com um pouco de sensação floral (talvez violeta) e um pouco de carvalho. O impacto na boca é marcante: taninos não muito agressivos e acidez bastante evidente, equilibrada pelo bom teor alcoólico. Quem tem treino e experiência em enofilia pode até "chutar": é um Chianti Classico Riserva. Esse jogo de adivinhar é um dos charmes da degustação.

COMO DEGUSTAR

Não são poucos os que se espantam quando descobrem que os degustadores profissionais cospem o vinho depois de prová-lo. No entanto, trata-se de uma prática normal, pois é virtualmente impossível ingerir as dezenas de vinhos submetidos às provas.

Embora não seja das mais elegantes, essa providência serve para manter intactas as faculdades de julgamento, sem receio de que o álcool afete a lucidez, confundindo ou sobrepondo aromas e gostos, e também para não fatigar os órgãos dos sentidos. Durante a degustação, coloca-se sobre a mesa uma taça de aço inoxidável ou um recipiente adequado para coleta do vinho já experimentado pelos especialistas, além de copos e, caso não seja possível dispor de uma pequena pia, um cântaro com água, usada para enxaguar a boca entre as provas.

É pura utopia pensar que qualquer pessoa pode se transformar num especialista do gênero. No entanto, também é verdade que o simples leigo, desde que dotado de boa vontade, pode acumular um conhecimento e uma desenvoltura razoáveis nessa arte.

A degustação completa prevê uma seqüência precisa de fases:

- Observa-se atentamente enquanto o vinho é vertido. Depois, segurando pela haste, leva-se a taça até a altura dos olhos, para avaliação da transparência, da limpidez e da eventual efervescência do vinho. Em seguida, dispõe-se a taça contra um fundo bran-

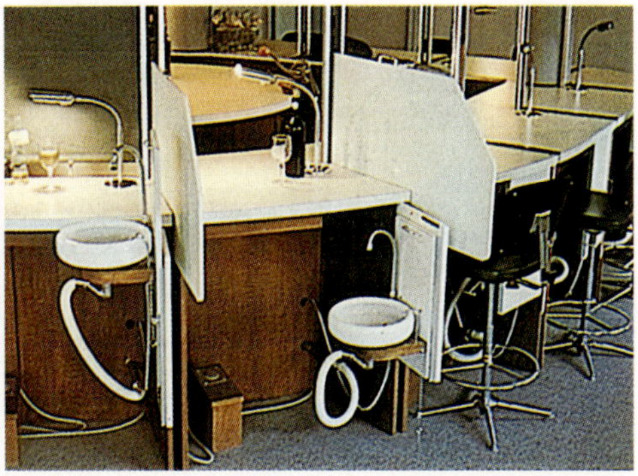

Acima, baias de degustação instaladas em duas escolas de enologia. Abaixo, da página oposta para a direita, a seqüência do ritual de um degustador até a introdução do vinho na boca.

co e, olhando a partir do alto, faz-se a análise da intensidade, da tonalidade e das nuanças de cor.

- A taça é trazida de novo para a altura dos olhos. Imprime-se a ela uma lenta rotação, para espalhar o vinho por suas paredes internas. Nelas se desenha um véu de líquido, que forma lágrimas e pequenos arcos, úteis para avaliar a fluidez da bebida.
- Aproxima-se a taça do nariz e inspira-se intensamente. É recomendável afastar a taça de vez em quando, para não incorrer numa possível saturação dos perfumes percebidos.
- Roda-se lentamente a taça sobre ela mesma, de maneira a criar um “funil” de vinho. Isso aumenta a superfície de evaporação, o que faz a bebida liberar suas substâncias aromáticas.
- Leva-se a taça ao nariz, cheira-se de novo e depois finalmente aproxima-se a taça da boca. Deve-se sorver apenas uma pequena quantidade de vinho (cerca de 10 ml).

- Com o vinho concentrado na parte frontal da boca, inspira-se através dos dentes uma mínima quantidade de ar, a fim de volatilizar alguns componentes do vinho, amplificando assim as sensações gustativas e táteis.
- Move-se o vinho com a língua, imprimindo ao mesmo tempo uma leve pressão contra o céu da boca. Depois, expira-se, para avaliar e apreciar os diversos componentes do vinho (álcool, ácidos, taninos etc.) e seu equilíbrio.
- Depois de provar e deglutir (ou cuspir) o vinho, deve-se expirar. Logo, no sentido inverso, invadem a mucosa olfativa outros aromas que, por efeito da temperatura da cavidade oral, são liberados com algum atraso (aroma de boca). Essa terceira fase do exame é, na verdade, uma etapa gusto-olfativa.
- Depois de deglutir (ou cuspir) o vinho, sempre expirando, efetua-se um movimento de mastigação com a boca vazia, útil para avaliar a permanência gustativa e gusto-olfativa.

EXAME VISUAL

Não se deve subestimar o exame visual de um vinho. Ele fornece uma série de indicações importantes a respeito da amostra que está sendo degustada, informando na prática o que se deve procurar ao provar a bebida.

Começando pelos espumantes, é importante verificar como foi realizada a introdução da espuma e como o anidrido carbônico está finamente dissolvido no vinho. As borbulhas devem ser pequenas e sair continuamente do fundo da taça, mesmo vários minutos depois de o líquido ter sido vertido. Não podem ser muitas, como as de um refrigerante, nem poucas. A cor do espumante, como nos vinhos brancos, fornece algumas informações importantes. Uma cor palha bem leve prenuncia um produto muito delicado, jovem e leve. Se a cor adquire concentração e tende para o amarelo-palha carregado, provavelmente se trata de um Método Clássico, com predomínio de Chardonnay. O Pinot Nero tende a dar reflexos ramificados ao vinho, que, de qualquer modo, deve ter uma cor brilhante e viva. Reflexos esverdeados, sinal de frescor e juventude, são sempre bem-aceitos.

Nos brancos, a concentração de cor varia em função das uvas, da maturação do vinho e de sua idade. Alguns são muito pobres de pigmentação, como o célebre Blanc de Morgex et de la Salle, prati-

Abaixo, a partir da esquerda, quatro colorações possíveis do vinho branco: citrino, dourado-pálido, dourado-forte e âmbar.

Acima, a partir da esquerda, quatro cores de tinto: o púrpura de um vinho jovem, o rubi de um vinho maduro, o grená de um clássico e a cor de tijolo de um grande envelhecido. Abaixo, a partir da esquerda, três rosês, cujas cores se diferenciam principalmente por suas fórmulas de preparo.

camente incolor, como a água, mas ainda assim excelente. Outros são mais ricos em flavonas e leucoantocianos, substâncias que dão cor amarelada ao vinho. Por causa da idade e da oxidação, a cor se torna mais carregada e tende ao dourado e depois ao âmbar, tonalidade aceitável só nos *passitos* e nos vinhos de meditação envelhecidos. A maturação em madeira nova confere um tom mais acentuado ao amarelho-palha do vinho e fixa mais cores com o tempo.

Em relação aos tintos, quanto mais jovens, mais apresentam nuanças violáceas, que depois passam para púrpura e rubi, esfumando-se com a idade em tons grená e em reflexos alaranjados e cor de tijolo.

Portanto, reflexos verdes nos brancos e violáceos nos tintos são sinônimo de juventude, enquanto a concentração de cor varia em função da variedade de uva (entre os tintos, por exemplo, o Pinot Nero é pobre em cores, enquanto o Cabernet é riquíssimo). Os produtos de bom nível têm cor mais concentrada, e a madeira nova, tanto nos brancos como nos tintos, ajuda a fixá-la e a mantê-la por mais tempo.

Geralmente, dos rosês pouco se fala, mas podem ter cor mais ou menos carregada: a variação do espectro inclui do rosa-pálido até o vermelho-cereja bem claro.

LÍMPIDO OU TURVO?

Um vinho límpido permite a percepção de todas as cores. Para alguns, porém, se a bebida não tem um pouco de depósito, que a deixe levemente turva, não é genuína. Outros, ao contrário, dizem que a qualidade está decididamente prejudicada caso encontrem quaisquer cristais de tartarato no fundo da garrafa (eles se precipitam após uma queda brusca de temperatura). Essas duas posturas tem prós e contras, mas a primeira afirmação é mais grave que a segunda. Isso porque qualquer vinho de qualidade tem o dever de se apresentar límpido, sem suspensões e opalescências. É sempre mais raro ver nas taças vinhos não perfeitamente límpidos, pelo menos entre os engarrafados, que são submetidos a filtragens e a tratamentos estabilizadores. Bebidas veladas ou opacas são coisa do passado ou decorrentes de práticas enológicas ultrapassadas. Dependem em grande parte de fenômenos deflagrados dentro da garrafa, como a refermentação alcoólica (que ocorre quando se engarrafam vinhos não estabilizados contendo ainda um pouco de açúcar não fermentado) e a refermentação maloláctica (fermentação secundária do vinho que acontece alguns meses depois da vinificação, transformando o ácido málico da uva em ácido láctico). Ambos os fenômenos se dão por meio da ação de microrganismos (os sacaromicetos no primeiro caso; as bactérias lácticas no outro), que, depois de terem convertido os açúcares e o ácido málico respectivamente em álcool etílico e ácido láctico, com produção de anidrido carbônico, morrem e enturvam o vinho, formando um sedimento farinhento. O resultado é um vinho levemente frisante e velado.

Diferente é o caso da presença de tartaratos, ou seja, de cristais salinos que se precipitam quando o vinho é submetido a temperaturas muito baixas por um prolongado período de tempo. Mesmo vinhos excelentes podem ter pequenas precipitações de tartarato, embora fosse melhor que isso não ocorresse. Por isso, antes do engarrafamento, muitos produtores esfriam o vinho de maneira brusca enquanto a bebida ainda está nos recipientes de aço, provocando artificialmente a precipitação dos tartaratos. Daí é só filtrar o líquido levemente para ter certeza quase absoluta de que não se formarão tartaratos dentro da garrafa.

Há ainda outras causas do enturvamento, muito raras, constituídas por fermentações acéticas ou problemas ligados a anomalias do vinho, como as "musselines" formadas por metais pesados. Felizmente trata-se de inconvenientes meramente hipotéticos no que se refere a vinhos produzidos segundo métodos modernos. São apenas ecos do passado, como as doenças medievais.

EXAME OLFATIVO

Cheirar uma taça de vinho é, para muita gente, uma prática no limite da boa educação. Exercitar as funções do nariz foi se tornando socialmente fora de moda à medida que o olfato perdeu importância na luta pela sobrevivência humana. Hoje, trata-se do menos utilizado e treinado dos sentidos, talvez o menos necessário. Para avaliar os aromas dos vinhos, no entanto, é preciso recuperar a plenitude da capacidade olfativa, adormecida pelo escasso uso que fazemos dela.

CATEGORIAS DE PERFUMES

Os perfumes dos vinhos foram reunidos em três grandes categorias:

- ***primários, típicos da uva fresca e em particular de algumas de suas variedades;***
- ***secundários, que se desenvolvem no vinho com a fermentação e imediatamente depois dela e que permitem identificar sua fase juvenil – são os aromas acentuados de frutas, florais e de vegetais frescos, e tendem a se atenuar com o tempo;***
- ***terciários, que se desenvolvem com o envelhecimento e vão dos tons minerais aos de especiarias, de notas de madeira mais ou menos aromáticas a notas balsâmicas e a aromas de vegetais e frutas secas, para chegar, nos tintos, ao couro e ao goudron, o odor que lembra o de betume quente e é típico dos grandes tintos envelhecidos.***

O que se pode detectar no perfume de um vinho? Muita coisa. Para começar, o olfato é responsável pela intensidade, permanência e limpidez das sensações. Um bom vinho tem perfume intenso, que depois de aspirado passeia pelo nariz sem apresentar nuanças defeituosas. E cada vinho tem características peculiares, devido à uva de origem, à idade e ao tipo de envelhecimento a que foi submetido.

Os perfumes são milhares. Alguns são típicos de uma variedade de uva, como a rosa desidratada para o Gewürztraminer, a folha de tomate para o Sauvignon Blanc e o pimentão para o Cabernet. Outros são típicos de um território, e há ainda aqueles característicos de um tipo de fermentação ou de madeira do barril de armazenamento. O importante é que sejam odores limpos e agradáveis, mesmo que nos vinhos "importantes" e envelhecidos tenham um caráter de grande complexidade e exijam muita prática e experiência do degustador para serem decifrados.

O exame olfativo, no entanto, é também o que permite descobrir de maneira inequívoca os defeitos de um vinho. Alguns deles decorrem de elementos difíceis de controlar, como o cheiro de rolha. É quase inevitável que de 5% a 10% de garrafas apresentem tal inconveniente. Nesse caso, não há o que fazer: se esses cheiros formam-se na cortiça, em alguns poucos dias o vinho absorve os odores desagradáveis, não importa se a garrafa é mantida em pé ou deitada.

Práticas incorretas de vinificação e transferências de recipientes efetuadas com atraso podem provocar o terrível odor de fezes, que se manifesta como um desagradabilíssimo cheiro comparado ao de ovo podre (determinado pelo ácido sulfídrico ou pelo hidrogênio sulfurado). Esse defeito piora sensivelmente no ambiente desprovido de oxigênio do interior da garrafa, até formar, por um processo químico de redução, o odor de uma substância chamada mercaptan.

No extremo oposto está o defeito de excesso de oxidação, o contrário da redução, que se manifesta em duas fases distintas. A primeira etapa é a do odor de oxidado – mais leve e ainda tolerável se for um dos aromas componentes do buquê de um grande tinto envelhecido, por exemplo. Manifesta-se por meio de odores de fruta cozida ou flambada. Bem

O exame olfativo pode ser realizado também dessa maneira quando se trata de comparar diversas amostras de vinho.

EXERCÍCIO ELEMENTAR

Existem exercícios práticos para desenvolver o olfato. Podem-se, por exemplo, utilizar copos de água com pequenas quantidades de álcool etílico dissolvidas: um com duas gotas de álcool, um com cinco gotas e outro com água pura. Convém que sejam preparados por outra pessoa para que você tente adivinhar qual deles contém maior quantidade de álcool, qual possui menor quantidade e qual tem apenas água. Pode-se repetir o exercício com maior quantidade de copos, seis ou sete no máximo, diferenciando de maneira mais gradual as quantias de álcool e acrescentando, num dos copos, uma ou duas gotas de vinagre. Quando consegue classificar de forma correta e com regularidade seis ou sete amostras de água "dosada" com percentuais crescentes de álcool etílico, identificando as amostras que contêm vinagre, a pessoa pode passar para o exame olfativo propriamente dito.

REGRAS DO EXAME OLFATIVO

- **Nossa capacidade olfativa padece de um problema sério de saturação: após alguns segundos, a intensidade percebida decai de maneira evidente. Por isso, é preciso cheirar de forma breve e repetida.**
- **As amostras a serem examinadas devem estar a uma temperatura levemente superior àquela em que os vinhos são normalmente servidos: 12ºC a 14ºC para os brancos, 20ºC para os tintos. O calor facilita a emanação das substâncias voláteis do vinho.**
- **As taças utilizadas devem ser médias. Há um tipo de taça no estilo tulipa muito adequado ao exame olfativo de qualquer vinho: suas paredes convergem em direção à boca, facilitando a concentração das substâncias voláteis na área do nariz.**
- **Ao realizar exames comparativos de várias amostras, o nível de vinho contido nas diversas taças deve ser o mais uniforme possível. Um nível mais alto do que os demais dificulta a concentração das substâncias voláteis, enquanto um nível mais baixo a facilita.**
- **As garrafas devem ser abertas com um mínimo de antecedência e todas elas na mesma operação. Pode ser na hora, quando se tratar de brancos jovens, e não mais do que 20 minutos antes no caso de grandes tintos envelhecidos. Se um vinho é verdadeiramente grande, não terá necessidade de um longo arejamento para exprimir suas melhores qualidades olfativas. Para bom entendedor...**

mais grave é, na segunda fase, o odor "marsalado" ou amadeirado, semelhantes aos do Marsala e do Madeira, vinhos licorosos e oxidados. Esse defeito, típico dos vinhos envelhecidos por tempo excessivo, vem acompanhado de uma coloração âmbar para os brancos ou de tijolo para os tintos.

Outros defeitos são determinados por tonéis velhos demais que apresentam madeiras podres, de odor desagradável, ou então por fermentações acéticas que agridem sobretudo os vinhos particularmente mais rústicos. Nesses casos, são costumeiros os odores de madeira podre e de vinagre – últimos representantes olfativos desta pequena galeria de horrores enológicos.

EXAME GUSTATIVO

Há muitas etapas preliminares a vencer, mas com perseverança chega-se ao momento da prova propriamente dita. Os prévios exames da cor e do perfume já devem ter permitido a descoberta de várias coisas sobre o vinho, mas a prova de fogo vai se realizar agora. Para não cometer equívocos, vale aprender como funciona a língua e que sabores são sentidos em suas diferentes áreas.

As terminações que nos permitem perceber os sabores são as papilas gustativas, pequenas excrescências de diversos formatos. Existem as papilas filiformes, as fungiformes e as circunvaladas. As primeiras duas categorias têm funções mais especificamente gustativas, são mais numerosas e menores, enquanto as do terceiro tipo exercem função quase exclusivamente tátil.

Acima, o exame gustativo, prova de fogo de qualquer degustação. Abaixo, paisagem da região de Cinqueterre: vinhos brancos feitos com uvas cultivadas junto ao mar podem induzir sensações associadas à salinidade.

Somos capazes de perceber quatro sabores fundamentais: o salgado, o ácido, o amargo e o doce. Todos os sabores complexos derivam de combinações e exclusões entre esses quatro. Eles interagem da seguinte maneira:

- **SALGADO** Fundamentalmente produzido pelo cloreto de sódio, o sal de cozinha, é reforçado pelo amargo e pelo ácido – como se pode verificar ao adicionar uma única colherinha de sal a um café amargo ou a uma limonada. Usado em pequena quantidade, ressalta o doce, co-

mo provam as receitas de massa de torta doce, que sempre levam uma pitada de sal. Praticamente não existem vinhos salgados, mas leves sensações associadas à salinidade podem ser detectadas em vinhos brancos produzidos em áreas litorâneas, como os vinhos da Ísquia. O salgado sentido principalmente na parte central da língua.

• **ÁCIDO** Deriva dos ácidos orgânicos contidos em vários alimentos: o ácido cítrico, típico do limão e de frutas cítricas; o ácido málico, áspero e presente na maçã verde; o ácido tartárico, típico da uva; o ácido acético, produzido pela fermentação acética do álcool etílico. Todos eles estão presentes também no vinho, especialmente nos brancos secos – o ácido tartárico em maior proporção, depois o málico, o cítrico e, finalmente, traços do acético. O sabor que se desprende dessas substâncias pode ser identificado pelos lados da língua e provoca salivação abundante. O ácido reforça o salgado e o amargo e é atenuado pelo doce.

Acima, a partir da esquerda, um vinho jovem, um vinho pronto e um vinho velho: uma degustação correta é feita sempre de acordo com o tipo particular de vinho examinado.

• **AMARGO** Pode ter origem em substâncias aromáticas (os terpenos, principalmente) encontradas basicamente nos vegetais. Todas as ervas, cortiças, raízes e verduras aromáticas têm sabor amargoso: manjericão, rúcula, nabo, chicória, brócolis, alecrim, quina, ruibarbo etc. Amargos também são os grãos tostados de café e de cevada, bem como alguns tipos de vinho: aqueles mais ricos em substâncias aromáticas e que, com muita freqüência e exatamente por esse motivo, são apresentados em versões doces. O doce, na verdade, é o único sabor em condições de atenuar o amargo: daí o hábito de pôr açúcar no café. Figuram aqui, assim, quase todos os Moscato doces ou *passitos*, os Gewürztraminer, que às vezes apresentam resíduos açucara-

dos, e assim por diante. Já o amargo nos vinhos tintos é produzido pela oxidação dos taninos e sua transformação nas amaríssimas quinonas. Trata-se de um fenômeno associado ao envelhecimento – inexorável, determina o lento decaimento do gosto do vinho. O sabor amargo é sentido principalmente no fundo da língua e tem duração relativamente longa – tanto que após a degustação resiste como sabor dominante do chamado retrogosto.

- **DOCE** Provém da presença de açúcares: frutose, glucose e sacarose. No vinho está presente no caso de produtos que derivam de uvas passificadas, com grande concentração de açúcar: quando a gradação de álcool atinge os 15 graus, os sacaromicetos morrem e, se ainda houver açúcar não fermentado, este permanecerá no vinho de maneira natural e estável. Outro caso é o de vinhos mantidos doces e estabilizados pela eliminação dos sacaromicetos por meio de repetidas filtragens, como é o caso do Moscato d'Asti e do Asti Spumante. Podem-se eliminar os sacaromicetos acrescentando álcool etílico ao mosto parcialmente fermentado. Isso aumenta bastante a gradação alcoólica, eliminando os sacaromicetos e permitindo que o vinho continue doce – caso dos vinhos licorosos. O sabor doce é sentido principalmente na ponta da língua.

O exame gustativo proporciona, enfim, o conhecimento completo de um vinho. Por meio dele, pode-se verificar se a acidez apresenta relação adequada com os taninos (quando se trata de um tinto) e com a dosagem alcoólica, se a bebida tem o corpo adequado e a concentração ideal, se é equilibrada e harmônica em seu desenvolvimento. A avaliação também informa sobre o estado evolutivo do vinho: se está pronto para ser bebido ou ainda é muito jovem, se está maduro (isto é, no auge de sua evolução) ou se está velho demais, "decrépito". É possível conferir ainda sua limpeza e o equilíbrio entre perfumes e gosto, bem como a permanência aromática, ou seja, quanto tempo persiste no paladar depois da deglutição. Este último quesito tem grande importância: medida em segundos (de 4 segundos para um bom vinho até 12 ou mais segundos para um exemplar excepcional), a permanência é diretamente proporcional à qualidade. Já o retrogosto consiste no conjunto de sensações gustativas e retro-olfativas que permanecem depois de se provar o vinho. Também tem extrema relevância: é, afinal, a lembrança que o vinho deixa dentro de nós.

Acima, a partir da esquerda, três momentos sucessivos do desenvolvimento do anidrido carbônico na perlage *de um espumante. Abaixo, uma comissão de degustação em plena atividade.*

Para concluir, nesse exame o aspecto fundamental é a aderência das características organoléticas da bebida aos aspectos mais representativos do tipo de vinho da amostra provada. Por isso, não se deve provar um Barolo com a cabeça num Bordeaux ou num Toscana. O degustador, portanto, tem de saber que a idéia de alta qualidade varia conforme o vinho experimentado. A atribuição de valor deve levar em conta o tipo da bebida, da qual se examinam aspectos particulares como cor, coerência olfativa, equilíbrio gustativo e evolução. Por isso, não se pode exigir de um Nebbiolo a mesma fineza tânica de um Cabernet Sauvignon – é uma comparação descabida. Quem não sabe relativizar perde de vista um dos aspectos mágicos do vinho: sua variada gama de expressões.

O SOMMELIER

Por "sommelier" entende-se o profissional que aconselha a clientela a respeito da escolha das bebidas e cuida do serviço. Antes, sua ação se desenvolvia exclusivamente no salão dos restaurantes, mas hoje suas atribuições incluem também a compra, o gerencia-

mento da harmonização com a comida e a compilação da carta de vinhos. Seus conhecimentos baseiam-se em noções científicas, nunca aleatórias, enriquecidas por atualização constante. Sua colaboração com a direção do estabelecimento tornou-se indispensável, uma vez que o sommelier pode contribuir para a política comercial do restaurante e para a motivação e a formação do pessoal.

O serviço dos vinhos permanece como o aspecto mais fascinante dessa profissão, aquele no qual o sommelier revela plenamente sua competência profissional e suas qualidades humanas.

Um dia típico na vida do sommelier que presta serviços a um restaurante é movimentado. Assim que chega ao trabalho, ele verifica se as garrafas vazias do dia anterior já receberam a devida destinação e verifica o funcionamento e a temperatura das geladeiras e da máquina de gelo. Em seguida, passa ao exame do equipamento e de

Ambiente de restaurante elegante e de nível internacional. Em locais formais como esse, o serviço deve apresentar sempre o máximo nível de qualidade.

sua limpeza e providencia o transporte dos vinhos da adega de conservação para a adega "do dia". Entre suas atribuições principais está a de acertar o menu com o chefe de cozinha, a fim de preparar as combinações mais adequadas e de abastecer a adega "do dia" com os rótulos que porventura estejam faltando. Se houver carrinho de vinhos no restaurante, cabe também ao sommelier prepará-lo para o serviço com taças.

Concluído o trabalho da manhã, a tarde é dedicada à adega de conservação. O sommelier ocupa-se da estocagem, do inventário, da limpeza e, essencialmente, tenta encontrar tempo para se atualizar, degustando e experimentando tipos e safras de vinho que ainda não conhece. À noite, faz novo controle da adega do dia e do menu e repete as tarefas realizadas de manhã. Antes de encerrar o expediente, controla novamente as geladeiras e a limpeza das taças, além de arrumar os baldes e equipamentos.

O sommelier geralmente se veste de maneira a se distinguir do restante do pessoal de serviço. Embora cada restaurante siga as próprias regras, há casas que ainda designam um uniforme específico para o sommelier. Seja qual for o caso, o profissional deve levar consigo o equipamento indispensável para o perfeito e eficiente trabalho: o *tastevin*, o saca-rolhas, o termômetro de leitura rápida e a pinça para espumante, com ou sem cortador.

◉ **TASTEVIN** É o instrumento principal do sommelier, que se serve dele para se diferenciar visualmente, para criar determinada expectativa psicológica no cliente e, naturalmente, para provar o vinho. A origem do *tastevin* é tão antiga quanto o vinho, embora o utensílio tal como conhecido hoje em dia remonte apenas ao século XVII. Costuma ser de prata, pois o metal tem a propriedade de dissolver o anidrido sulfuroso contido nos vinhos brancos jovens. A taça tem borda arredondada, com um anel e um apoio, e mede 8 cm de largura e 2 cm de altura. No centro há uma bolha de nível: ela limita a quantidade de vinho a ser vertido para a prova. Em torno da bolha, 14 perolazinhas em relevo fazem a "ruptura", criando muitas pequenas borbulhas na bebida – graças a isso, o vinho oxigena-se perfeitamente após um movimento de rotação regular. De um lado do *tastevin*, há "nervuras" suaves; do outro, oito concavidades circulares (pérolas). As primeiras servem para examinar os reflexos e as nuanças dos vinhos brancos, ampliando sua luminosidade; as pérolas, também por efeito do aumento da luminosidade, fazem aparecer nitidamente eventuais partículas em suspensão nos vinhos tintos. Além disso, a superfície fragmentada do *tastevin* permite atenuar a refração dos raios de luz artificial, possibilitando uma análise mais acurada do vinho. Mais por razões práticas do que estéticas, o instrumento tem de ficar dependurado no pescoço do sommelier por uma corrente dotada de argola. Nunca deve ser lavado com água, para evitar a formação de mofos microscópicos, e sim com um pouco de álcool.

◉ **SACA-ROLHAS** Existem vários tipos à venda no comércio, mas cabe ao sommelier utilizar apenas o tipo profissional, constituído por um cabo com o comprimento aproximado da palma da mão e que tem, no centro e em posição perpendicular, uma espiral retrátil. A espiral deve possuir um longo filete, chato na parte superior e arredondado na inferior, sulcado no centro por uma

canaleta que permita agarrar melhor na cortiça. No cabo ainda vem embutida uma pequena faca dobrável, com lâmina de corte à direita e de comprimento não superior a 3 cm.

◉ **TERMÔMETRO** Instrumento com o qual se mede a temperatura do vinho ao servi-lo no salão do restaurante. Pode ser introduzido no gargalo da garrafa, se esta estiver cheia, ou diretamente na taça. Ge-

ralmente é carregado no bolso do uniforme do sommelier, preso como uma caneta.

◉ **PINÇA** Serve para extrair as rolhas dos espumantes e funciona também como pinça normal. Não deve ter bordas cortantes, mas arredondadas. Para os espumantes, pode-se sempre usar também o cortador, que é uma espécie de pinça com garras de tesoura, com bordas que se encaixam, e que serve para cortar o metal ou a haste das gaiolinhas das rolhas. É comum a pinça e o cortador estarem acoplados num único instrumento.

O SOMMELIER IDEAL

Para desenvolver sua atividade de maneira satisfatória, além do excelente conhecimento sobre vinhos, o sommelier tem de preencher alguns requisitos essenciais de caráter comportamental e técnico.

REQUISITOS COMPORTAMENTAIS

- ***Classe e estilo, para saber estabelecer relações cordiais e apropriadas com a clientela.***
- ***Boa atitude no comando, para demonstrar autoridade aos colegas e saber conquistar confiança.***
- ***Boa cultura geral, que lhe permita entabular uma conversação interessante com os clientes, quando necessário.***
- ***Mentalidade aberta e dinamismo, para ser receptivo ao se defrontar com as constantes inovações da área.***
- ***Humildade, tato, cortesia e bom humor.***
- ***Pontualidade e precisão.***

REQUISITOS TÉCNICOS

- ***Conhecimento teórico e prático das regras de abertura dos vinhos e do ritual de servi-los (incluindo a decantação).***
- ***Conhecimento e competência para aplicar as regras de serviço de forma impecável.***
- ***Conhecimento absoluto do vinho e das demais bebidas, o que pressupõe dominar noções de viticultura, enologia, enografia e legislação específica, tanto em esfera nacional como internacional.***
- ***Conhecimento profundo das técnicas de degustação, a fim de estar permanentemente em condições de descobrir cada pequeno segredo das bebidas e dos alimentos.***
- ***Conhecimento das principais técnicas de comunicação.***
- ***Conhecimento das técnicas de gerenciamento administrativo, incluindo a capacidade de elaborar orçamentos.***
- ***Conhecimento de pelo menos duas línguas estrangeiras.***

A HARMONIZAÇÃO

Também na mesa, como em todas as artes e na natureza, a associação das cores e dos sons é muito importante. A harmonia das cores num prato pressupõe um estudo acurado que leva geralmente a uma perfeita comunhão dos gostos. Essa harmonia pode ser complementada e realçada por meio da escolha do vinho certo.

Nesta página, combinações harmônicas segundo a tabela da AIS: acima, cabrito com tinto encorpado; abaixo, um branco fresco para servir com o peixe.

É determinante que isso seja feito de modo que os respectivos sabores não contrastem entre si. Dessa forma, são estabelecidas as bases para um casamento duradouro, e não um inevitável e imediato divórcio.

O caminho teórico para compreender a técnica das harmonizações vinho–comida sempre foi longo e tortuoso, tendo percorrido inúmeras estradas para se refinar e se completar cada vez mais. Até alguns anos, o método utilizado pela Associação Italiana Sommeliers (AIS) para obter uma harmonização que fosse mais objetiva possível era o concebido pelo professor Mercadini. Ainda válido para fazer combinações equilibradas, o método Mercadini, baseia-se essencialmente na contraposição entre algumas das principais sensações da comida e do vinho. Depende particularmente da habilidade do degustador em reconhecer e avaliar também sensações não citadas de maneira expressa na tabela-guia.

O sistema de harmonização comida–vinho adotado hoje pela Associação Italiana Sommeliers baseia-se, por sua vez, tanto na contraposição como na concordância. Pelo termo "contraposição" entende-se o princípio segundo o qual as características do vinho escolhido

e as do prato com o qual vai combinar não devem ser análogas. Um exemplo: se uma comida apresenta tendência ácida, obviamente não poderá ser acompanhada de um vinho fresco e, portanto, rico em acidez, pois a soma das duas sensações ácidas resultaria numa combinação particularmente agressiva e desagradável. A combinação ideal, nesse caso, com certeza seria com um vinho suave, capaz de se contrapor à tendência ácida da comida. Ao contrário, se o prato apresenta um forte componente gorduroso, o vinho, para combinar, teria de apresentar certa acidez e sabor forte, nunca suavidade.

Acima, vinho branco para um prato de salmão; abaixo, um grande tinto acompanha a nobreza do faisão

Embora válido de muitos pontos de vista, esse princípio não abrange todas as situações. Em alguns casos, é indispensável aplicar o princípio de "concordância", baseado no conceito de que uma característica da comida deve corresponder a uma característica análoga do vinho. Uma aplicação particularmente evidente é a dos produtos de confeitaria: a sensação dominante que se percebe ao comer uma fatia de sobremesa é a de doçura e, nessa situação, é indispensável combiná-la com um vinho doce.

É possível afirmar, assim, que nas preparações particularmente ricas em aromas e perfumes, de agradáveis e destacadas sensações de especiarias, vale propor como acompanhamento vinhos aromáticos, semi-aromáticos ou muito perfumados. Já para aqueles pratos de notável persistência gusto-olfativa podem-se experimentar vinhos dotados de elevada e intensa permanência aromática.

A tabela utilizada para a harmonização foi graficamente desenvolvida de modo que cada sensação despertada pela comida tenha como correspondente uma sensação propiciada pelo vinho – sendo que ambas podem se colocar em contraposição ou em concordância. Para que a tabela gráfica de combinações seja corretamente preenchida, portanto, o sommelier precisa entender as razões pelas quais uma sensação percebida na comida deve corresponder a determinada sensação desencadeada pelo vinho.

A tabela de combinações apresenta dez circunferências concêntricas, concernentes aos diversos níveis de percepção das várias sensações. O ponto central corresponde a uma avaliação zero (percepção nula), enquanto a circunferência mais externa indica o nível 10 de

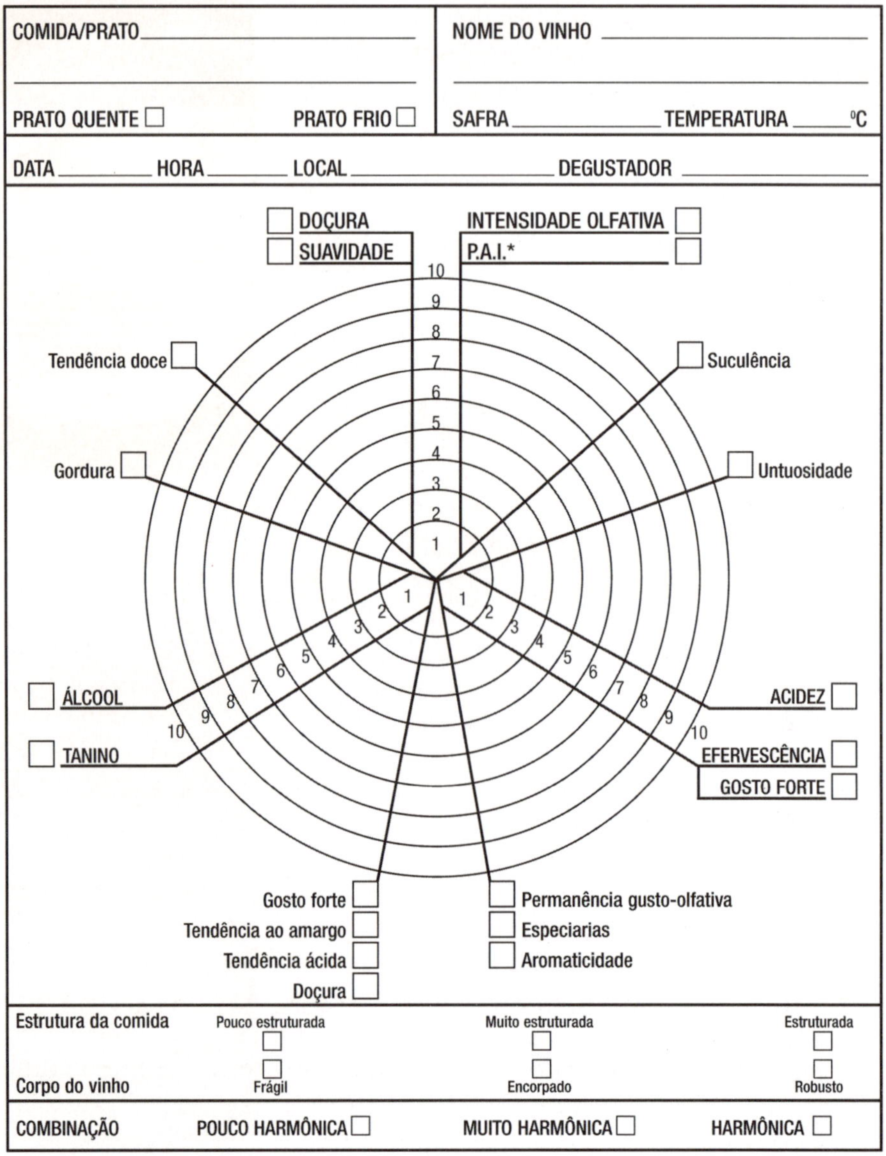

*Permanência aromática intensa

perceptibilidade (máximo). Entre essas sensações-limite encontram-se, obviamente, todos os valores intermediários.

O primeiro passo para preencher a tabela é reconhecer as sensações percebidas na comida e no vinho, colocando um "x" no quadrado ao lado de cada item. Em seguida, deve-se avaliar o nível de perceptibilidade de cada sensação. Feita a análise sensorial da comida e do vinho e assinalados na tabela os diversos valores, passa-se a ligar os vários pontos com linhas retas: obtêm-se, então, dois

Mais duas combinações harmônicas: à esquerda, vinho licoroso para um prato à base de queijo picante e com especiarias; à direita, Chianti Classico para acompanhar um cozido misto.

polígonos, que, no caso de combinação harmônica, serão semelhantes, mas com os vértices contrapostos. Para melhor visualização das características da comida e do vinho, traçam-se os polígonos com cores diferentes. Para obter um resultado confiável, avaliam-se pelo menos três sensações da comida e outras tantas do vinho.

Quando os polígonos obtidos são similares, mas têm superfície reduzida, a comida e o vinho analisados apresentam sensações gusto-olfativas pouco acentuadas – então, se o prato é pouco estruturado, vale acompanhá-lo de um vinho pobre em estrutura. Se os polígonos são similares, mas de superfície ampla e com mais de um vértice pronunciado, pode-se dizer que tanto o prato como o vinho revelam-se bastante complexos e estruturados e que evidenciam sensações gustativas e gusto-olfativas bem perceptíveis.

O ENÓLOGO

O vinho de prestígio nasce de dois componentes fundamentais: a vinha de grande vocação e a videira nobre. No entanto, sem um terceiro elemento – o homem que sabe valorizar os dois primeiros – não haveria nem vinha nem videira capaz de gerar um bom vinho. É verdade que, a partir da metade da década de 1980, os vinhedos e as variedades de videira mudaram – mas não a ponto de justificar o grande salto de qualidade que os vinhos apresentaram

Na página oposta, vista de uma moderna instalação produtora de vinho. Em todos os níveis do cultivo das videiras e da elaboração da bebida, o enólogo reserva um espaço cada vez maior para os aspectos científicos. Com isso, a inovação se alia à tradição, promovendo um salto de qualidade extraordinário em toda a indústria enológica italiana.

desde então. Isso significa que o panorama enológico atual resulta principalmente da ação de pessoas obstinadas em seu desejo de obter o melhor daquilo que a vindima oferece a cada ano.

Quem são esses renovadores da enologia italiana? O mérito se divide tanto entre viticultores (os proprietários dos vinhedos) como entre vinificadores. No passado, quem se ocupava da vinificação, em especial nas grandes feitorias toscanas administradas em regime de parceria, eram os próprios feitores. Tudo mudou. Hoje, nem sempre o produtor assume pessoalmente a responsabilidade pelo processo de fermentação, maturação e refinamento dos próprios vinhos, preferindo confiar tais operações a um técnico. Então, quem é esse técnico? De que maneira chegou a essa posição? Que estudos realizou? Em que consiste sua atividade?

A partir de 1991 o técnico em vinho, até então reconhecido na Itália como "enotécnico", tornou-se personagem de importância internacional. Uma lei federal atribuiu-lhe o título de "enólogo", reconhecido no âmbito da União Européia, o que faculta a esse profissional o direito de trabalhar em todos os países membros. Para tornar-se enólogo, no entanto, não basta apenas freqüentar o curso de seis anos das escolas enológicas. É preciso ter diploma universitário, o que significa três anos de universidade, incluindo um total de 20 exames e uma tese final.

O enólogo deve ser capaz de criar vinhos à altura da qualificação obtida: vinhos que sejam igualmente reconhecidos além-fronteiras. Esse profissional comanda a transformação da uva em vinho e cuida das fases subseqüentes até o engarrafamento, valendo-se de apro-

Abaixo, vinhedo em Valtellina; na página oposta, vinhedos de Barolo.

fundados conhecimentos bioquímicos e microbiológicos. Além disso, e sobretudo, precisa conhecer em detalhes a fisiologia das videiras, pois o grande vinho só pode ser produzido por quem tenha sintonia com a vinha.

Em seu cotidiano, o enólogo tem de tomar decisões e enfrentar problemas de natureza variada, uma vez que o vinho de uma produtora nunca é igual de um ano para outro. Esse tipo de trabalho só pode ser desenvolvido se o profissional tem total domínio do assunto, mantendo uma complexa relação com a tradição e com a inovação. Nos anos 1990, por exemplo, a categoria se viu diante do impasse de manter técnicas tradicionais, como o uso de *barriques*, ou adotar procedimentos mais modernos. Escolhas assim exigem uma avaliação calcada na perfeita sinergia entre experiência (tradição) e pesquisa (inovação).

A ciência tem o mérito de elucidar os complexos mecanismos inerentes ao fenômeno do desenvolvimento dos vinhos: a pesquisa permite identificar os aspectos positivos da tradição, conferindo maior precisão nas decisões. É graças a ela que a inovação pode se apresentar como evolução natural da tradição. Portanto, é sempre necessário estudar cientificamente os gostos, as cores e os perfumes,

até com a finalidade de ajudar a entender (e mesmo intensificar) as emoções experimentadas diante de um grande vinho. O enólogo deve ter sensibilidade especial para, tateando a tina com o mosto em fermentação, perceber através da portinhola se o processo está correndo bem. Ou para, assim que transfere a bebida para a adega de refinamento, prever tudo de que o vinho precisará para se desenvolver plenamente.

A intuição é obrigatória para o enólogo, desde que ele coloque as percepções subjetivas lado a lado com suas conclusões objetivas e tecnocientíficas – por meio das quais se identificam os compostos definidores da qualidade, quando eles se formam no vinhedo e como evoluem depois de transferidos ao vinho. Cabe ao enólogo a missão de transformar a uva em vinho preservando todas as nuanças que delimitam a fronteira entre o banal e o sublime. Se compreender a interação entre aquelas videiras específicas e aquele ambiente em particular, esse profissional produzirá um vinho de grande personalidade. Alguns enólogos alcançaram esse intento, tornando-se autores de verdadeiras jóias na enologia italiana – entre eles, os mais brilhantes preservaram a tradição das videiras autóctones.

VITICULTURA E ENOLOGIA

O VINHO DO CAMPONÊS

Passar o domingo na vindima destacando cachos das videiras ou pisotear a uva nas dornas são agora cenas distantes. No passado, a clássica figura do avô viticultor era imponente e representava abundância, alegria e esperança. A mesma serena atmosfera podia ser sentida sob as pérgolas nos meses posteriores a maio, quando se degustavam as primeiras garrafas da última colheita. Tudo era fascinante: a cor do vinho jovem, a espuma que preenchia a taça e depois sumia, o gosto com um quê de adocicado e o salame fatiado na hora para os convivas.

A imagem desse camponês dos tempos passados ganharia ainda mais destaque se, em sua fria e escura adega – objeto de cuidados devotados, como se fosse um templo –, ele conseguisse produzir com aquelas uvas um vinho que fizesse acorrer os moradores da cidade mais próxima, todos seduzidos pela bebida cuja tradição perpetuava perfumes e sabores. Ainda que o vizinho também cultivasse uvas e produzisse vinho, não cabiam comparações: o conteúdo do barril daquele avô era diferente, e melhor. Vinho, então, era uma questão de confiança.

Por anos, a cena de alguém pela estrada transportando garrafões num caminhão fazia emergir na memória coletiva dos italianos as emoções diante do vinho do camponês. Hoje já não se vêem mais garrafões transitando pelas rodovias, embora tenha permanecido aceso o desejo de saborear os gostos e perfumes do passado. A sociedade, no entanto, mudou, os ritmos são diferentes e o mercado do vinho se globalizou. Mesmo na mais simples loja, as garrafas italianas disputam espaço com concorrentes francesas, californianas, chilenas, australianas – e quem atua no ramo não pode perder o bonde das tendências de consumo apontadas pelas pesquisas de mercado.

Os resultados dessas pesquisas de mercado sinalizam um fato que não pode ser negligenciado: os parâmetros organoléticos não são os mesmos de antigamente. Hoje tende-se a valorizar aquilo que um vinho tem de diferente – seja na cor, nos aromas ou nas características gerais – em relação aos produtos do passado. Mesmo os sabores agora apreciados são bem distintos daqueles que faziam sucesso em outras épocas: vinhos estruturados mas, ao mesmo tempo, suaves e elegantes estão em alta na atualidade. O gosto do consumidor espera sempre um sabor diferente do vinho, ainda que preservada sua originalidade tradicional. Além disso, não se pode continuar a sustentar que o vinho típico é aquele de 20 anos atrás: até a tipicidade é dinâmica, pois o clima muda.

Renovar, no entanto, não significa mudar a qualquer custo: não se deve mexer no que está indo bem. A inovação nem sempre é inimiga das tradições. E, para os italianos, ser tradicionalista na escolha e no cuidado com os vinhos da terra revela-se uma questão de orgulho. Muitas vezes, a produção da Itália mostra potencial à altura da concorrência internacional, com chances de conquistar uma fatia significativa de mercado, mas é prejudicada pela má comunicação – um vinho torna-se importante, afinal, quando passa a ser conhecido. É preciso que os vinhos de vários produtores de uma região cheguem ao mercado com boa homogeneidade – só então o consumidor vai associar as respectivas marcas com aquela determinada região, motivando-se para a compra. Aí entra o mérito daquele velho avô viticultor, que ao longo dos anos soube construir um legado com as melhores variedades de videira: elas transmitem de geração a geração a memória do gosto e do modo de pensar dos povos.

Todos concordam que sem tradição não haveria história. A modernização do vinho, porém, é um caminho sem volta – aquilo que é típico sempre estará em evolução. O vinho nunca vai parar de mudar. O atual conceito de qualidade se baseia numa infinidade de pequenos detalhes. A grande riqueza da enologia italiana – a autenticidade das videiras –, portanto, precisa vencer o desafio da irregularidade e alcançar padrões constantes de qualidade. Não se pode mais deixar a solução do problema por conta do acaso. Há que se procurar a verdade na tradição, mas inovar também é obrigatório. Cabe aos próprios italianos derrubar as barreiras criadas em nome da tradição, mesmo porque nem sempre aquilo que é genuíno tem qualidade.

É preciso defender a autenticidade das videiras e salvaguardar a originalidade das áreas de viticultura. De outra parte, também é vital abordar a qualidade de uma perspectiva moderna e produzir vinhos que envelheçam sem perder a personalidade. O tempo de pisar uvas já passou: agora, é hora de usar a cabeça, e não os pés, para garantir a constância qualitativa e vencer o desafio imposto pelo mercado mundial do vinho.

A PAISAGEM

A viticultura especializada é relativamente recente na longa história das videiras. Seu surgimento pode ser relacionado apenas com o último período dessa cultura, a era pós-filoxérica. No fim do século XIX, a praga filoxera disseminou-se nos vinhedos europeus. Como solução, os viticultores foram forçados a enxertar variedades de videira autóctones em espécies americanas, resistentes à doença. Isso deflagrou a renovação de toda a viticultura do velho continente.

Posteriormente, outro divisor de águas entre as modalidades arcaicas de cultivo e a viticultura atual foi a disseminação de duas doenças provocadas por fungos – o oídio e a peronospora –, que obrigaram os viticultores a aplicar produtos antiparasitas periodicamente durante o ciclo anual de desenvolvimento das videiras. Para tanto, foi preciso dispor as videiras em fileiras que pudessem ser facilmente percorridas por pessoas portando os equipamentos mecânicos necessários para aplicar o tratamento.

Acima, paisagem de uma colina em Valtellino, inteiramente dominada por fileiras de vinhas. Esse tipo de cultura especializada das videiras, na total ausência de outras espécies herbáceas e arbóreas, apareceu no cenário europeu apenas no final do século XIX, como reação à agressão promovida contra a uva pela filoxera.

Antes desses fenômenos, a videira era cultivada de maneira promíscua junto com outras culturas, variáveis conforme o clima local – geralmente herbáceas (cereais, prados estáveis) e às vezes arbóreas (como oliveiras e plantas frutíferas). Alternavam-se fileiras de videiras com trechos maiores ou menores de cultivos herbáceos. Era particularmente freqüente o cultivo associado com árvores frutíferas, pois estas podiam desempenhar a função de "tutor vivo". Excetuando algumas áreas do Mediterrâneo oriental e meridional – onde o clima de estiagem não permitia o adequado desenvolvimento das videiras, induzindo ao cultivo rasteiro ou como árvore baixa –, pode-se definir a era pré-filoxérica como a de uma viticultura promíscua sobre tutores vivos.

Esse modelo também predominava na Itália setentrional, França meridional e Espanha central, áreas dominadas pela tradição de

Acima, exemplo de cultura "acasalada" de videiras, técnica ainda praticada em algumas regiões do norte da Itália. Abaixo, representando um cultivo totalmente diferente, a tipologia das videiras "de baixo cepo", também chamada de "grega", com plantas baixas e isoladas.

cultivo massialiota (termo derivado de Marselha, cidade fundada por volta do século IV a.C.), com as videiras crescendo em forma de árvore ou similares. Até a "grande transformação" da paisagem agrícola italiana, ocorrida por volta da década de 1960, era possível distinguir duas tipologias arquitetônicas das videiras. Uma delas, a "acasalada", foi difundida pelos povos lígures e etruscos e é chamada na Itália setentrional de *alteno* (do francês *hautins*): é a vinha alta ou "plantada" na planície Padana oriental, tendo como tutores olmos, amoreiras ou freixos, conforme a região de cultivo. O outro tipo é o "de baixo cepo" (*a cespuglio*), disseminado sobretudo em colinas ou nas regiões meridionais.

A viticultura promíscua (por meio de tutor vivo) é a expressão das primeiras formas de cultivo de videiras, que no neolítico levaram ao isolamento dos vinhedos – os quais, por suas características morfológicas e de desenvolvimento, tinham de se desenvolver sobre plantas arbóreas com poucos cortes de poda, analogamente a sua expressão natural pré-domesticação. Esses vinhedos, chamados genericamente de "lambruscos" (da raiz indo-européia *labrum*, que indica lugares pedregosos, selvagens), diferenciam-se pela postura vegetativa e pela composição do mosto das variedades originárias das regiões do Cáucaso e do Mediterrâneo oriental.

A filoxera, porém, não foi a única responsável pela profunda transformação da viticultura européia. Também desempenhou papel importante a mudança climática que aconteceu entre os séculos XIV e XVIII, chamada de "pequena glaciação". Durante esse período, a crise demográfica decorrente da peste negra e as destruições cíclicas provocadas pelas baixas temperaturas invernais resultaram num grave desequilíbrio no mercado do vinho. O problema foi solucionado em parte pela importação de vinho doce do Mediterrâneo oriental e em parte pela alternância das modalidades de cultivo da uva. Assim, nas épocas de maior demanda intensificava-se a produção, com o adensamento das plantações e a adoção de videiras mais produtivas, ocorrendo o oposto nas épocas de crise.

Por causa do alto custo do transporte, as videiras eram plantadas principalmente em torno das grandes cidades, ao longo de rios, ao lado de conventos ou locais de peregrinação. Com a difusão das ferrovias, no fim do século XIX, o vinho mais barato e mais alcoólico das regiões meridionais se propagou, contribuindo para que grande parte da viticultura européia continental abandonasse os subúrbios.

O CLIMA

O ambiente é a interação dos fatores relativos ao solo e ao clima e que atuam no desenvolvimento das videiras e na composição química do vinho. Podem-se distinguir um macroclima – resultado da combinação de fenômenos de grande escala, como latitude, grandes massas de água, montanhas, planícies (clima continental, mediterrâneo, alpino etc.) – e um mesoclima, que resulta de ações em escala mais reduzida, como a exposição ao sol e a altitude, associadas às características da paisagem. O microclima, por sua vez, deriva da interação da forma de cultivo com o clima circundante e limita-se ao estrato de atmosfera próximo das folhas e dos cachos. Este último é fortemente condicionado pelas escolhas do viticultor e tem papel muito importante na qualidade dos microconstituintes do mosto (aromas, matérias responsáveis pela coloração).

Como ocorre com todas as espécies herbáceas e arbóreas cultivadas, também para a videira existe tanto o limite botânico (além do qual a planta não pode viver se não tiver satisfeitas suas exigências mínimas de temperatura, luz e água) como o limite econômico, que torna a produção da uva inviável devido ao risco imposto pelos eventos climáticos (geada, estiagem, elevada umidade do ar).

Na Europa, o limite botânico para a cultura das videiras é representado pelo paralelo 47 de latitude norte (o curso do Loire) ou pela isoterma de 11° – além da qual ou as temperaturas de verão são insuficientes para garantir uma adequada maturação das uvas ou as mínimas de inverno se revelam letais para a planta (de -20°C a -25°C). O limite meridional, por sua vez, é assinalado pelo Mediterrâneo: para além dele, entre a linha do equador e o paralelo 20 (próximo à isoterma de 24°), a videira não consegue viver, ou tem duração abreviada, ao longo da qual vegetaria e frutificaria sem interrupção, estando sujeita a graves ataques por parasitas.

Acima, cartaz indicando um vinhedo na Nova Zelândia; na página oposta, de cima para baixo, vindimas da África do Sul e do Chile. Esses três países do hemisfério sul estão situados dentro da área de limite botânico próprio para o cultivo de videiras.

Os principais fatores climáticos são: a temperatura do ar e do terreno; a radiação solar e a duração do período de sol; a umidade do ar e do solo; o vento e as adversidades meteorológicas (tais como a ocorrência de granizo, gelo, geada, neve ou seca).

A temperatura influencia todos os fenômenos de desenvolvimento da planta, atuando sobre a extensão das diversas fases fenológicas do ciclo e, portanto, determinando o resultado dos acúmulos nos bagos. O efeito da temperatura pode ser descrito sinteticamente com a "constante térmica", ou seja, a somatória das temperaturas médias diárias de abril a outubro. As constantes térmicas podem variar dos 2.700°C de Champagne aos 4.200°C de Marsala. A temperatura ativa, ou seja, aquela além do piso zero de vegetação (+10°C), também permite avaliar a reação da videira às condições ambientais e seu grau de adaptação a climas diferentes. Entre as fases fenológicas, a etapa de germinação é a mais relacionada com a temperatura do ar durante o período do plantio, assim como a medra, fase de desenvolvimento que tem como nível ótimo uma temperatura entre 18°C e 24°C.

A luz desempenha papel determinante não só nos fenômenos metabólicos ligados à fotossíntese, mas também no controle do crescimento, na dormência dos brotos, na síntese de alguns precursores dos aromas (por exemplo, os isoprenóides). Devem-se considerar vários aspectos da luz, como a intensidade, a qualidade (comprimento de onda) e a duração (fotoperiodismo). A videira é uma espécie própria de dia longo, que manifesta uma exigência média de intensidade luminosa (embora isso varie muito conforme a planta). A duração do dia nas latitudes mais elevadas compensa em grande parte a menor energia das radiações nos ambientes mais setentrionais. Numerosos pesquisadores se aventuraram a tentar identificar um índice climático que definisse a influência de determinado ambiente em relação ao cultivo da uva, principalmente para estabelecer uma relação de causa e efeito entre a videira e o vinho que se pode obter naquele ambiente.

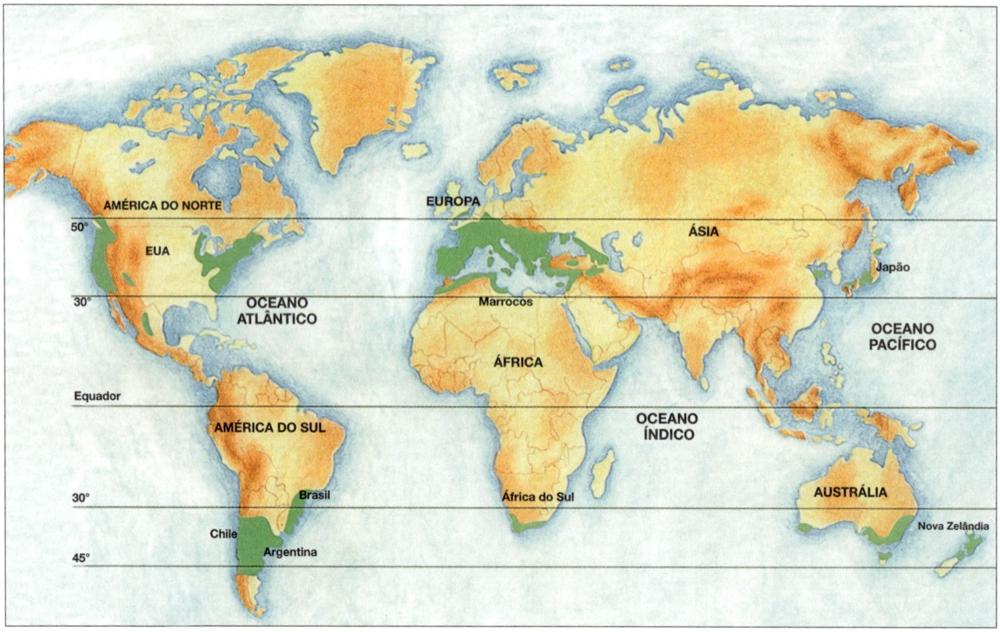

Acima, em verde, as partes da Terra nas quais é possível cultivar a videira. Estão destacados os países nos quais o cultivo é efetivamente realizado, com produções expressivas.

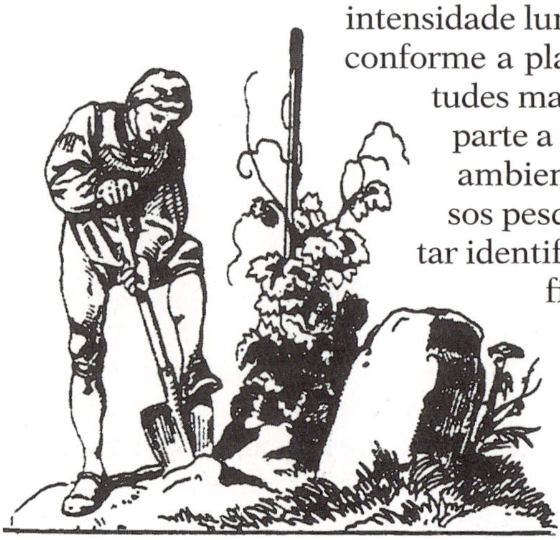

O SOLO

A origem do solo agrário está na base de suas características físico-químicas e condiciona de maneira substancial o funcionamento fisiológico e bioquímico da videira. As rochas constituintes da matriz de formação dos solos vitícolas no curso das eras glaciais são de origem vulcânica (pórfiros, granitos), sedimentar (marinha, fluvial, glacial) e metamórfica (xistos cristalinos gnáissicos).

Num terreno vitícola cabe considerar: o perfil (a sucessão das camadas entre as quais as raízes encontram condições de desenvolvimento mais ou menos favoráveis); a composição física (a dimensão das partículas, das mais finas, como a argila e o limo, às mais grossas, como a areia), que determina a estrutura (compacta, com muita argila, e solta, com muita areia) e também regula as relações entre os componentes sólidos e gasosos do solo; e a composição química, isto é, a presença de elementos minerais (micro e macronutrientes) sob forma assimilável e não-assimilável.

Perfil de terreno vitícola, no qual se pode ver a sucessão de duas camadas.

A respeito da qualidade de um vinho, inúmeros testemunhos empíricos e aprofundados estudos científicos demonstraram que os aspectos da fertilidade física (as condições de sobrevivência das raízes) prevalecem sobre as questões da fertilidade química (o conteúdo em elementos minerais), embora se reconheça a influência importante do azoto (no caso, negativa) e de microelementos como ferro, manganês e boro. Naturalmente, alguns solos apresentam condições físico-químicas fortemente limitantes para o desenvolvimento e a produção das videiras, como o pH baixo demais (toxicidade dos microelementos), o excesso de calcário (clorose férrica), o conteúdo de sal e o percentual elevado de argila (que impede a penetração regular da água em solo profundo). Por meio de escolhas genéticas (porta-enxertos adequa-

dos) e medidas agronômicas (correção do pH e drenagens), é possível limitar a extensão dos danos e melhorar a qualidade produtiva.

O axioma empírico segundo o qual "a terrenos diferentes correspondem vinhos diferentes" (base da lei francesa sobre as denominações de origem) teve nos últimos anos numerosas demonstrações científicas por meio da realização dos chamados "zoneamentos vitícolas". Trata-se de um método de estudo que permite identificar em determinada zona as condições pedoclimáticas mais adequadas às características vegeto-produtivas de uma videira – é a chave, portanto, para encontrar a interação entre local de cultivo e variedades que resulte na produção do melhor vinho possível

Três tipos de solo, cada qual adequado ao cultivo de determinadas uvas: a partir do alto, aluvião pedregoso, xistoso e calcário-argiloso.

No que se refere à qualidade do vinho, os papéis exercidos pelo clima e pelo solo são indissociáveis. Entre esses dois fatores do ecossistema (ou *terroir*, como preferem os franceses) é estabelecida a maioria das ações sinérgicas e integradas que estão na base do perfil sensorial de um vinho. Mesmo que nos últimos anos muitos mitos tenham sido derrubados, principalmente pelos viticultores do Novo Mundo, pode-se afirmar que a cada tipo de vinho correspondem uma ou mais videiras e alguns ambientes específicos. Assim, para produzir espumantes de qualidade com refermentação na garrafa, são necessárias videiras geralmente brancas, capazes de controlar a degradação da acidez e de ter um perfil aromático discreto se cultivadas em terrenos calcário-argilosos e sob clima que tenda para o frio. Já para obter vinhos tintos estruturados e próprios ao envelhecimento, além de escolher videiras de composição polifenólica particular, é preciso ter locais de cultivo geralmente reduzidos, em ambientes temperados quentes ou mediterrâneos, com solos ricos em argila, que ficam enxutos nas fases finais da maturação.

A VIDEIRA

A escolha correta da videira é fator fundamental para o sucesso econômico de uma produção de uvas para vinho. Há que se conhecer sua origem geográfica (que costuma coincidir com o local de sua seleção), suas exigências climáticas e culturais e seu desempenho vegeto-produtivo, bem como o tipo de vinho que permite obter.

Existem no mundo cerca de 10 mil videiras descritas e cultivadas. Apenas uma dezena delas ocupa cerca de 2 milhões de hectares, ou seja, perto de 25% dos 7,8 milhões de hectares de superfície total de vinhedos do mundo. Entre as mais difundidas figuram a Airen (videira branca da região da Mancha, Espanha), a Grenache (também chamada de Guarnaccia, Alicante ou Canonau), a Sultanina (que tem três destinações: de mesa, para transformação em uva-passa e para vinho), a Carignan, a Rhatziteli branca (de origem caucasiana e difundida nas viticulturas orientais), a Ugni Blanc (ou Trebbiano toscana), a Merlot, a Cabernet Sauvignon e a Moscato branca. Na Itália a videira mais comum é a Sangiovese, seguida pela Catarratto, Trebbiano branca, Barbera e Merlot. Para se desenvolver em solo italiano, a videira deve estar inscrita no Registro Nacional e Comunitário das Variedades e ser admitida para cultivo nas diversas províncias italianas.

Nesta página, a partir do alto: uvas Aglianico, Barbera e Cabernet Sauvignon.

As videiras são classificadas pela destinação econômica (de vinho, de mesa, para uva-passa), pela cor dos bagos (brancos, pretos, vermelhos), pelo sabor da uva (neutro ou aromático), por sua precocidade (de muito precoces a muito tardias, com base na época de maturação em Chasselas) e tam-

bém por suas exigências térmicas – há videiras adequadas a zonas temperadas frias, com ciclo curto e, portanto, de maturação precoce, como a Müller Thurgau e a Pinot Nero, assim como existem aquelas com elevadas necessidades energéticas, de ciclo mais longo e, portanto, apropriadas a zonas mediterrâneas e quentes, como a Inzolia ou a Nero d'Avola.

Outra classificação leva em conta as atitudes enológicas das diversas variedades, mas pode ser aplicada de modo a considerar apenas o ambiente de cultivo. Além da interação que se estabelece entre videira e ambiente, existe a "vocação" de cada variedade. Algumas, como a Chardonnay ou a Pinot Nero, são mais adequadas à produção de espumantes. Outras, como a Riesling renana ou a Fiano, dão vinhos brancos consistentes de qualidade. Para obter vinhos brancos comuns, cultivam-se a Trebbiano toscana ou a Catarratto. Já para tintos para serem consumidos ainda jovens, opta-se pela Gamay ou pela Lambrusco, entre outras. Bons tintos envelhecidos se originam de uvas Cabernet Sauvignon ou Nebbiolo. Por fim, a Moscato branca e a Moscato di Alessandria (também chamada de Zibibbo) são próprias para vinhos doces, inclusive frisantes.

Nesta página, a partir do alto: uvas Cortese, Moscato branca, Müller Thurgau e Nebbiolo.

Além do tipo de vinho que se deseja produzir e do ambiente de cultivo, a escolha das variedades tem de se guiar, no caso dos vinhos DOC, pelos *Disciplinari* de produção (conjunto de regras que indica as variedades passíveis de cultivo e seus percentuais relativos). A tendência atual, representada pelo consumo cada vez mais orientado para os vinhos varietais, estimula os viticultores do mundo inteiro a cultivar apenas poucas variedades "de gosto internacional", como Cabernet, Merlot, Sauvignon branca e Chardonnay. Essa postura conservadora, de um lado, banaliza e aplana o gosto do produto, reduzindo

a gama das possíveis sensações organolépticas, e, de outro, representa um risco para a biodiversidade vitícola. A grande riqueza de variedades da Itália (cerca de 1.500) e do sudeste do Mediterrâneo está em fase de acelerada erosão: nos próximos anos, muitos tipos de uva poderão estar extintos.

As numerosas colheitas de germoplasma vitícola, praticadas em muitas regiões italianas, resolvem apenas parcialmente o problema, pois a coleta de finalidade museológica dessas videiras não impede a perda de variação intravarietal nem garante sua reintrodução na viticultura.

Depois da chegada à Europa da filoxera e de outras doenças, o cruzamento das videiras européias com espécies americanas originou variedades resistentes (Clinton, Bacò, Seibel, Canderc etc.), mas hoje raramente cultivadas devido à modesta qualidade de suas uvas – na Europa, por exemplo, estão proibidas.

É interessante conhecer a origem das videiras. Os recentes avanços da biologia molecular aplicada à análise do DNA permitiram formular algumas hipóteses plausíveis nessa área. Especula-se que as primeiras espécies cultivadas remontam ao Neolítico, era na qual os pioneiros agricultores verificaram a ocorrência da *Vitis vinifera silvestris* na natureza e decidiram "domesticá-la". A gama de variedades mudou drasticamente a partir da Idade do Ferro, com a introdução na Europa de espécies vindas do Oriente, levadas por ondas migratórias – entre as quais, a mais relevante, pelas conseqüências sobre a agricultura italiana, talvez tenha sido a que resultou na chegada de colonos gregos à região da chamada Magna Grécia.

Nesta página, a partir do alto: uvas Pinot Nero, Sauvignon, Trebbiano e Vermentino.

Muitas das videiras cultivadas no sul da Itália derivam daquela época. E mais: o patrimônio genético dessas variedades orientais mesclou-se ao das videiras silvestres européias, gerando um novo grupo de videiras, com características herdadas de ambas. A prática da multiplicação por sementes, em vigor até o advento da filoxera, também multiplicou, portanto, as possibilidades de combinação entre videiras selecionadas pelo homem.

Moscato di Alessandria (Zibibbo).

Características e resultados de algumas videiras				
Videira (e sua origem)	*Características vegeto-produtivas*	*Exigências pedoclimáticas*	*Destinação enológica*	*Características do vinho*
Chardonnay (Borgonha, Champagne)	Suficientemente vigorosa, aspecto erguido da vegetação, medianamente produtiva, de maturação precoce	Moderadamente exigente, climas temperados e frios, solos calcários	Bases espumantes com refermentação em garrafa; vinhos estáveis com maturação em madeira	Fino, aromático e persistente; rico, estruturado e elegante
Pinot Nero (Borgonha, Champagne)	Suficientemente vigorosa, aspecto caído da vegetação, produtiva, de maturação precoce	Muito exigente, climas temperados e frios, solos argilosos	Bases espumantes com refermentação em garrafa; vinhos estáveis tintos com maturação em madeira	Muito fino, com cor não muito carregada, aroma de frutas pequenas; estruturado, elegante e complexo
Cabernet Sauvignon (Bordeaux)	Vigorosa, aspecto erguido da vegetação, bastante produtiva, medianamente tardia	Pouco exigente, clima atlântico, temperado e quente	Vinho tinto de longo envelhecimento	Estruturado, aroma característico de especiarias e taninos doces
Sangiovese (Toscana)	Suficientemente vigorosa, aspecto erguido da vegetação, produtiva, medianamente tardia	Muito exigente, climas temperados e quentes, solos argilosos	Vinho tinto de médio envelhecimento	Medianamente estruturado, suficientemente rico, com nuanças de couro e frutas vermelhas
Aglianico (Campânia)	Suficientemente vigorosa, aspecto erguido da vegetação, medianamente produtiva, tardia	Muito exigente, clima mediterrâneo, solos fofos	Vinho tinto de longo envelhecimento	Estruturado, espesso, tânico, com aromas finos de frutas vermelhas

O CICLO ANUAL

O ciclo anual de desenvolvimento e produção das videiras pode ser subdividido em fases fenológicas, as quais adotam o nome do fenômeno fisiológico que as caracteriza. O período do crescimento vegetativo começa no "plantio", primeiro indício visível da retomada vegetativa após o repouso invernal. Essa fase está associada à temperatura do ar, que interage com a precocidade da videira.

No decorrer da estação, a curva de crescimento do broto é de tipo exponencial: as temperaturas primaveris influenciam a primeira parte da curva, mas o período de maior crescimento é ditado pela extensão do período de exposição ao sol e pela presença ótima de todos os fatores de crescimento ambiental (água, nutrientes, temperatura). O desenvolvimento do broto também é condicionado pela posição na vara da videira (efeito da dominância apical e do genótipo).

Quando o broto principal cessa de crescer, por volta da metade do verão desenvolvem-se as feminelas ou brotos secundários, que têm a atribuição de controlar a dormência das gemas hibernantes e de contribuir decisivamente para a atividade fotossintética da planta na fase final da maturação. Além disso, até a queda das folhas, durante a fase do "agostamento", o broto se torna lenhoso e acumula o amido necessário para impulsionar os fenômenos de maturação da uva, para superar o frio do inverno e para garantir a primeira onda de germinação do ano seguinte.

Nesta página, a partir do alto: flor de videira-macho, flor de videira-fêmea e fase de germinação.

Sobre o broto em desenvolvimento realiza-se o chamado ciclo reprodutivo, constituído, de um lado, pela "diferenciação da gema hibernante" que se manifestará no ano seguinte

Acima, cacho florescendo. À direita e embaixo, dois cachos em início de maturação (coloração).

e, de outro, por fenômenos de "florescimento" e "medra". Boa parte do sucesso econômico e qualitativo da safra está relacionada com o modo como se desenrola o fenômeno do florescimento. Isso é controlado pelas condições climáticas (temperatura, chuva, neve, ventos quentes etc.) e pela disponibilidade de alguns microelementos, como boro e ferro. Depois que a flor medra, o ovário se transforma num bago, que começa a crescer, primeiro, por um processo de divisão celular e, depois, após a coloração (que indica o início dos fenômenos de maturação), pela distensão celular.

Durante a maturação, que dura de 30 a 50 dias conforme a videira, ocorrem no bago importantes modificações físicas e químicas, as quais estarão presentes na base das características qualitativas do mosto. Entre elas estão: o acúmulo dos açúcares, a degradação dos ácidos (málico e tartárico), a síntese na epiderme das substâncias aromáticas e da matéria corante, o desaparecimento da clorofila e o surgimento da pruína.

Também há inúmeras influências (genéticas, ambientais e de técnicas de cultivo) sobre a maturação, como a maior ou menor capacidade de a videira acumular açúcares, substâncias aromáticas e antocianos; a somatória das temperaturas durante o desenvolvimento do bago; a disponibilidade de água; a carga das gemas-cepo e a correspondente área foliar; a ação negativa das doenças criptogâmicas ou de eventos climáticos como o granizo. Além disso, em algumas variedades empregadas para a produção de determinados vinhos, a maturação pode ser antecipada de modo a resultar em mostos mais ácidos (como os utilizados na produção de bases espumantes) ou atrasada a fim de permitir maior concentração de açúcares (apropriada à produção de *passitos*).

A última fase do ciclo vegetativo anual é representada pela queda das folhas e pela reentrada da planta no estado de repouso invernal.

O VINHEDO

Acima, máquina de sachadura em ação entre videiras e arbustos. Abaixo, vinhedo de encosta na região de Barolo: mesmo sem terraços, é possível usar equipamentos mecânicos nessa área, por causa da inclinação pouco acentuada.

A criação de um vinhedo representa um significativo investimento financeiro e empresarial. O viticultor tem de tomar inúmeras decisões técnicas antes do plantio, e há também importantes providências burocráticas, tanto em esfera nacional como internacional (licença de replantio limitada às áreas DOC, escolha das variedades segundo os *Disciplinari*, distâncias de plantio, e assim por diante).

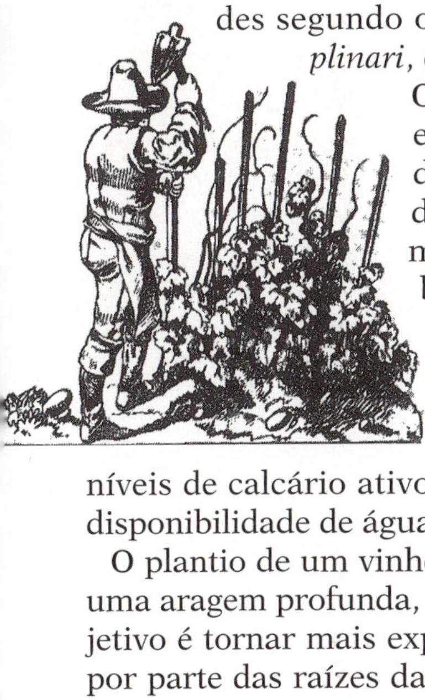

O maior problema é a escolha das variedades em função das condições pedoclimáticas e do vinho que se pretende obter – os estudos de zoneamento vitícola realizados nos anos mais recentes trouxeram uma notável contribuição para solucionar esse problema. Mesmo a escolha do porta-enxerto exige algum critério, e pode ser feita com mais facilidade e eficácia a partir da análise do solo (principalmente com a avaliação de seus níveis de calcário ativo, de argila, de cloruros etc.) e da eventual disponibilidade de água para irrigação.

O plantio de um vinhedo começa com o arrombamento, ou seja, uma aragem profunda, cujo objetivo é tornar mais explorável, por parte das raízes da videira, a camada de terra profunda de 70 cm a 80 cm a ser colonizada ao longo da vida do vinhedo. Às vezes, sob condições pedológicas e topográficas específicas, o arrombamento tem de ser precedido por intervenções destinadas a tornar o terreno mais ade-

quado à vida das raízes (como, por exemplo, drenagens para eliminar o excesso de água nos solos argilosos) ou para favorecer a mecanização. Neste último caso, enquadram-se os sistemas de cultivo como os de canaleta e de terraço, que facilitam o acesso de máquinas às vertentes naturais e lhes permitem trabalhar em áreas planas. Naturalmente, essas intervenções preparatórias têm custo elevado e podem até alterar as condições climáticas do vinhedo, influindo assim nos fenômenos de desenvolvimento da planta e na maturação.

Duas formas de cultivo de videira com destino oposto: acima, plantio em pérgola no Trento, em vias de extinção; abaixo, o duplo apoio do sistema em lira, uma das duas ou três formas mais difundidas na Itália.

Outra decisão de notável influência sobre o resultado econômico do vinhedo e a qualidade das uvas refere-se às distâncias de plantio, tanto entre as plantas como entre as fileiras. Hoje, até pela maior oferta de máquinas de dimensões reduzidas, adotam-se densidades de plantio mais altas do que no passado (de 4 mil a 7 mil plantas por hectare). A produção de uva por hectare é subdividida entre mais plantas, que, assim, podem apresentar uma relação cepo/área foliar mais favorável à qualidade.

A necessidade de reduzir os custos de produção da uva obriga os viticultores a recorrer, com freqüência cada vez maior, a métodos de mecanização integral do vinhedo, ou seja, a empregar máquinas para executar todas as operações fundamentais de cultivo (da poda seca aos tratamentos antiparasitas, passando pela colheita, e assim por diante).

Em poucos anos, essa exigência reduziu drasticamente as numerosas formas de cultivo de videiras na Itália, concentrando-as em duas ou três modalidades aptas à mecanização, como o cordão de esporas baixo, a cortina pendente alta ou o duplo apoio em lira. Os sistemas de pergolados e toldos ficaram restritos ao cultivo de uvas de mesa. Mesmo o arbusto, que era a forma exclusiva de cultivo da Itália meridional, apesar de garantir altas densidades de plantio, está em fase de abandono, por não ser totalmente mecanizável. Entre as formas de cultivo praticamente extintas figuram a arborícola (típica da viticultura da Itália central e da planície Padana), a Sylvoz e o sistema radial da planície do Vêneto, o *maggiorino* de Novara, as inúmeras formas de pérgolas romanholas e de Verona, entre muitas outras.

Acima, duas formas de cultivo hoje utilizadas apenas em nível local: a partir da esquerda, o sistema radial da planície do Vêneto e o sistema arborícola de Aversa. Abaixo, instalação de tutores metálicos, cada vez mais difundidos por seu baixo custo e grande durabilidade.

Outro aspecto importante no plantio de um vinhedo é o tipo de tutor. Além dos custos, hoje se consideram aspectos relativos à mecanização da colheita (o impacto das estacas de cimento com os debulhadores, por exemplo, poderia desprender eventuais fragmentos) e à estética (para respeitar as características de uma paisagem, podem-se empregar estacas de madeira tratadas quimicamente). É cada vez mais freqüente o uso do tutor metálico (de aço zincado), de custo baixo, grande durabilidade e fácil de instalar.

Em relação ao passado, as operações de esquadrinhamento do vinhedo e de plantio ficaram muito mais simples, a partir da introdução de máquinas plantadoras e sistemas de alinhamento a *laser*. Efetuado o plantio, há ainda as adubações de fundo, eventuais correções de pH e a proteção das fileiras com material plástico. Nos três anos que precedem o início da produção, o vinhedo inspira cuidados fitossanitários e relativos ao controle das ervas daninhas.

A ROTINA NO VINHEDO

Todos os trabalhos de rotina no gerenciamento de um vinhedo são determinados pelas fases fenológicas da videira e pela sucessão das estações. Após a vindima, com a queda das folhas começa a poda seca, que tem o objetivo de conferir determinada forma às videiras e de regular a carga das gemas por cepo, conforme o objetivo enológico. Como norma, é feita à mão – às vezes, admite-se que seja agilizada por pré-podadeiras – e concluída com a amarração das varas.

Com o início da atividade vegetativa completam-se as adubações e a preparação do terreno e começa a luta antiparasitária, que obriga os viticultores a repetidas intervenções (de sete a dez) ao longo do ano. Pouco após o florescimento e a medra, chega a hora das operações de poda verde, algumas das quais feitas quase que exclusivamente com máquinas. A idéia é agilizar a passagem das máquinas nas fileiras e estimular a emissão precoce das feminelas, que deverão garantir maior atividade fotossintética das plantas nas fases finais da maturação.

No passado, os procedimentos de poda verde eram muito mais articulados do que os atuais, sempre realizados com cuidado especial por mão-de-obra (quase) exclusivamente feminina. Consistiam em

Acima, duas situações muito diferentes ilustram o transporte da uva na hora da vindima: à esquerda, no Piemonte, à direita, na Toscana. Na página oposta, no alto, início de uma vindima; embaixo, à esquerda, o trabalho de uma fresadora entre as fileiras de plantas e, à direita, a amarração das varas destinadas a frutificar.

passos como chapotar, despontar, remover feminelas, desfolhar, e assim por diante. Atualmente faz-se à mão apenas um desfolhamento pré-vindima, para criar em volta dos cachos um microclima menos propenso às doenças, e um desbaste dos cachos após a coloração, se a produção de uva por cepo se revelar excessiva. Mesmo essas intervenções manuais vêm sendo substituídas por equipamentos mecânicos ou por controles químicos da produção.

Os trabalhos da safra agrária são concluídos com a vindima, efetuada rigorosamente à mão no caso de uvas brancas destinadas à espumantização – para todas as demais uvas, em especial as vermelhas, admite-se o uso eventual de máquinas nessa fase. Se observadas algumas precauções, a qualidade dos vinhos obtidos a partir de uvas coletadas por máquinas não será diferente da obtida com frutos colhidos à mão. Há dois sistemas mecânicos, que sacodem a videira horizontal ou verticalmente (este último, menos difundido, é melhor). Obviamente, a colheita mecânica não permite selecionar as uvas na planta, com descarte das menos maduras ou adoentadas.

A VINIFICAÇÃO

Diz-se que a uva, melhor do que qualquer outra fruta, consegue restituir ao homem os perfumes, sabores e sensações de determinado território. A metamorfose da uva em vinho é chamada de vinificação: nesta etapa, lida-se concretamente com a possibilidade de transferir para o vinho todas aquelas macro e microestruturas dos ácinos – açúcares, ácidos, perfumes e cores –, a fim de amalgamá-los numa mistura complexa de alta qualidade.

Sabe-se que a grandeza de um vinho passa pela completa maturação do cacho. É no vinhedo que se forma o parâmetro desde sempre usado para comparar as uvas, que é a concentração dos açúcares, primeiro sintetizados nas folhas e depois transferidos para os ácinos. A ciência moderna permitiu identificar outros parâmetros de qualidade, talvez ainda mais importantes: aqueles que suscitam sensações fortes, que fazem lembrar as frutas silvestres, a fruta vermelha, o leite, o tabaco, as flores – enfim, o prazer que, inscrito em nossa memória, se intensifica cada vez que se cumprem as condições do bem-estar, de modo que o desejo, a expectativa, a curiosidade pelo vinho se transformem em emoções.

Os perfumes percebidos nos vinhos jovens, nos envelhecidos, nos brancos ou nos tintos formam-se quando os ácinos são ainda verdes, e sua concentração está estreitamente relacionada à intensidade da luz que se irradia sobre os cachos. Para as uvas vermelhas, o constituinte fundamental da qualidade é dado pelos polifenóis, que compreendem tanto os antocianos como os taninos. Os primeiros são responsáveis pela cor vermelha; os segundos, pela sensação adstringente às vezes percebida nos vinhos envelhecidos. Os taninos estão presentes tanto na parede mais externa da casca, na qual formam uma defesa contra os ataques parasitários, como nos bagulhos, nos quais se acumulam em grande quantidade. Se as uvas forem colhidas verdes, os taninos dos bagulhos podem conferir sensações ardentes e inadequadas; ao contrário, se respeitada a "maturidade fenólica", os taninos se transferem ao vinho numa mínima proporção, tornando-o mais equilibrado.

Os antocianos contidos nas uvas vermelhas européias pertencem a cinco classes (cianidina, delfinidina, peonidina, petunidina, malvidina) e mantêm entre si relação bem definida para cada variedade. Considerados uma espécie de "impressão digital", são sintetizados nas células da casca, que ficam dispostas num número limitado de camadas (de 5 a 11). Sua quantidade e a relação que apresentam entre si condicionam a cor do vinho, tanto na tonalidade como na intensidade. O complexo gerenciamento da vinificação deve objetivar a transferência para o vinho da marca da matéria-prima, isto é, da uva, unindo-a aos gostos e perfumes que se formam durante a transformação da fruta em vinho. Vinificar é, durante o refinamento, dar vida a um harmonioso conjunto capaz de manter forte a identidade do território do qual o vinho é a expressão.

VINIFICAÇÃO DOS TINTOS

A vindima tem curta duração, mas merece todo o cuidado, pois essa operação condiciona fortemente o vinho a ser obtido. A colheita manual das uvas é certamente a mais indicada, mas tem suas vantagens anuladas em caso de transporte inadequado: os cachos precisam chegar à adega tão intactos quanto possível, com os ácinos completamente íntegros. A uva então passa pela debastadora-pisadora, máquina que, sem lacerar as cascas, libera os ácinos dos caroços (ricos em taninos brutos) e depois esmaga os frutos a fim de favorecer a saída do mosto. Este último começa a fermentar em função dos levedos naturalmente encontrados na casca da uva, embora esse fenômeno também possa ser intensificado por meio do acréscimo de levedos selecionados.

Levedos são seres unicelulares que, presentes no mosto, transformam os açúcares da uva (glucose e frutose) em álcool etílico, anidrido carbônico e outros produtos secundários, como glicerina e ácido de âmbar, além de produzir calor. Constituem o testemunho mais evidente do caráter biológico do vinho: durante a fermentação, chegam a somar até 150 milhões de células por centímetro cúbico. Se fosse possível colocar uma ao lado da outra, todas as células presentes em um litro de mosto formariam uma parede de cerca de 15 metros quadrados. É por meio dessa parede que o litro de mosto vai se converter em um litro de vinho, graças à miríade de mecanismos ligados à complexa atividade enzimática dos levedos, que transformam açúcares, ácidos graxos, azoto, vitaminas, sais minerais e precursores de aroma – todos presentes no mosto – naquele complexo frutado que, após o oportuno refinamento, consistirá no fascinante buquê dos grandes vinhos.

A pisadura desencadeia a multiplicação dos levedos, o que, por sua vez, inicia a fermentação, provocando um movimento tumultuado das cascas, levadas para a parte alta da tina pelo anidrido car-

bônico – este, desenvolvido junto com o álcool pela transformação dos açúcares. A reação é exotérmica, ou seja, acompanha-se do calor que eleva a temperatura da massa. Isso faz as cascas de uva amolecer e começar a liberar, primeiro, os antocianos menores e depois, pouco a pouco, antocianos cada vez maiores.

Depois de três a quatro dias, obtém-se um mosto colorido. E quanto aos taninos? Aqueles presentes nas cascas são liberados nos primeiros dias, assim que se forma alguma gradação alcoólica. Os taninos dos bagulhos são extraídos quando a temperatura e o álcool atingirem seus valores máximos (32-35°C e 12-13°, respectivamente). Na vinificação do tinto, o contato do mosto com as partes sólidas (cascas e bagulhos) é chamada de "maceração" e tem duração variável. A maceração curta (de 5 a 6 dias) resulta em vinhos jovens ricos em cor, pois os antocianos passam para o mosto nos primeiros dias, e suaves, porque pobres de tanino – nas macerações curtas,

Acima, mosto em fermentação; na página oposta, chegada e descarga na vinícola das uvas colhidas.

não há tempo para a liberação dos taninos dos bagulhos, caso as uvas estejam bem maduras.

Já para obter vinhos importantes, de longo envelhecimento, é preciso favorecer a passagem do maior número possível de constituintes do ácino. Portanto, o tempo de contato entre bagaço e mosto se prolonga por até mais de 20 dias. Esse tipo de vinificação prevê a passagem dos antocianos e dos taninos da casca e, em parte, dos bagulhos. Desse modo, perde-se uma pequena parte dos antocianos, que se ligam aos taninos mais ativos, mas também é verdade que estes últimos, como bons anti-sépticos e antioxidantes, permitirão ao vinho resistir ao longo do tempo.

O aspecto mais interessante da maceração longa diz respeito aos precursores dos aromas, ou seja, os perfumes formados na uva graças à energia solar irradiada naquele determinado ano e que, até o momento, ainda se revelam inodoros. Conferidos pelas cascas, constituem um elemento de suma importância, pois neles está contido o caráter daquela safra. Os precursores dos aromas definem os detalhes, e é graças a esse jogo da natureza que os perfumes dos vinhos, além de diferir conforme a variedade, também mudam de ano para ano. As surpresas da maceração longa não terminam aí: depois de dias e dias em contato com o vinho novo, as cascas liberam um de seus tesouros, as proteínas, que, ao se ligarem aos taninos durante o refinamento, tornam suaves e aveludados até os vinhos que pareciam mais esquivos e rebeldes. Intrigante, a maceração longa sempre coloca à prova as pessoas que a conduzem: todo ano configura-se como um desafio que a uva lança ao enólogo. Para padronizá-la, não são suficientes as análises espectrofotométricas – é preciso provar, provar e provar. E nesse aspecto reside o fascínio do processo: o criador, o homem, entra em sintonia com sua criatura, o vinho.

Depois da maceração, retira-se o mosto da tina. Com essa operação, separa-se o vinho das cascas, que são delicadamente prensadas para extração daquela fração que se manteve guardada por mais tempo e que, no caso das uvas grandes, às vezes revela-se a mais preciosa. Depois da *svinatura*, ou seja, da remoção do mosto, este deve permanecer num tanque alguns dias para a eliminação das partes sólidas mais pesadas e grosseiras ainda em suspensão. Então, é feita a transferência do vinho para o barril, dentro do qual, se preciso, faz-se a fermentação maloláctica – que, ao transformar o ácido málico (característico da maçã verde) em ácido láctico, determina a suavização do gosto. Os levedos nada têm a ver com essa fermentação, conduzida por bactérias lácticas – também unicelulares, elas são menores que os levedos e mais inconstantes.

Acima, uma máquina desbastadora pronta para entrar em ação. Na página oposta, vindima mecanizada nas colinas da Toscana.

Aqui, o vinho está pronto para o refinamento, que dura alguns meses ou alguns anos, conforme o vinho que se quer obter, mas sempre em sintonia com as características da matéria, ou seja, a uva de partida.

VINIFICAÇÃO DOS BRANCOS

Recolhidos cuidadosamente em caixinhas, os cachos devem ser manipulados com luvas de veludo, pois durante o transporte e a recepção na adega é preciso evitar qualquer maceração. Para ser suficientemente macia, a pisadura é feita com pisadoras dotadas de rolos de borracha mole. O desbaste é, em geral, desaconselhável, uma vez que os caroços, nas subseqüentes fases de prensagem, desempenham função drenante, facilitando a saída do mosto. Só se opta pelo desbaste diante da decisão de operar uma breve maceração com as cascas (maceração pelicular), para evitar a contaminação por substâncias de gosto herbáceo e de taninos, vindas de parte do engaço.

Depois, introduz-se a uva pisada na prensa, que consiste num recipiente horizontal de seção cilíndrica, dentro do qual um tecido impermeável e inflado por ar comprimido se encarrega de espremer delicadamente os ácinos e extrair o mosto, que cai num tanque de coleta. Nessa fase, o mosto absorve o oxigênio do ar e fica mais escuro, pois os polifenóis característicos da uva branca assumem a cor marrom ao se oxidarem. A fase seguinte é a defecação, isto é, o afastamento por sedimentação das substâncias escurecidas e das

partículas sólidas (geralmente, pedacinhos de casca de uva) que ainda estão em suspensão no mosto.

Essa operação é habitualmente realizada num tanque de aço aquecido a uma temperatura de 12-16°C por um período de 12 a 24 horas. Em seguida, o mosto, já separado da borra, é levado para fermentar num tanque de aço ou de madeira, ou seja, em barris ou *barriques*. Para obter um vinho branco frutado, bom para ser bebido jovem, convém fazê-lo fermentar num tanque de aço a uma temperatura controlada, em torno de 18°C, sob a qual os levedos podem desenvolver seu metabolismo, vocacionado para a produção de boa quantidade de perfumes de flores e de frutas exóticas.

Se, ao contrário, deseja-se um vinho que possa envelhecer por alguns anos, deve-se fermentá-lo em barris ou *barriques* de madeira. Este último tipo de vinificação é tipicamente francês. De fato, os vinhos brancos mais famosos do mundo, Montrachet e Chablis, são obtidos pela fermentação do mosto em pequenas pipas de madeira de carvalho de 225 litros, em contato com os levedos por muitos meses. Essa vinificação tem o objetivo de fazer com que o vinho branco absorva parte dos taninos da madeira, os quais lhe conferem a possibilidade de envelhecer. Devido ao longo contato com os levedos, liberam-se ainda elementos importantíssimos: as manoproteínas, que têm como mérito conferir untuosidade, plenitude e permanência ao sabor do vinho.

VINIFICAÇÃO DOS ROSÊS

A apreciação do rosê começa pela cor: o consumidor deve desejar bebê-la com os olhos. Outra qualidade esperada dessa bebida é que tenha um perfume intenso de frutas recém-colhidas e um gosto redondo, macio, mas vivo, com uma intrigante ponta de acidez, que dê vontade de beber mais. Portanto, para elaborar esse vinho, é preciso ter muita experiência, acrescida de fartos conhecimentos químicos.

Para obter um rosê, é certamente mais fácil acrescentar vinho tinto a um branco. Contudo, essa operação jamais pode ser considerada justificável – em especial quando se deseja fazer um vinho de classe. A preparação desse tipo de vinho apresenta as maiores dificuldades. A habilidade do enólogo consiste em evitar as oxidações das cores, ou seja, dos antocianos extraídos da casca. Um trabalho competente só se revela se a cor do vinho pronto for personalizada e estável. Seu gosto tem de ser pleno, cheio, com forte presença do aroma.

Obtêm-se os melhores resultados com uma maceração a frio. Levam-se as uvas desbastadas a uma temperatura de aproximadamente 8°C pelo tempo necessário para obter a cor desejada. É óbvio que, a essa temperatura, a fermentação sofre forte desaceleração, assim como os processos de oxidação. Portanto, a avaliação da coloração pode ser bem criteriosa. Obtida a cor desejada, pinga-se o mosto, prensa-se o bagaço e promove-se a fermentação como a de um vinho branco – isto é, sob temperatura controlada (16-18°C), para manter os aromas e os perfumes básicos para a qualidade desse vinho. Terminada a fermentação, o vinho deve ser mantido à temperatura de 12-13°C, para não envelhecer.

VINIFICAÇÃO DOS ESPUMANTES

Os vinhos espumantes são conhecidos desde a Antiguidade. Há relatos de que os imperadores romanos adoravam vinhos frisantes e que produzissem espuma. Devia tratar-se de vinhos que espumavam brandamente: é difícil acreditar que os vasilhames de madeira ou terracota da época pudessem propiciar a forte pressão que caracteriza o espumante tal como o conhecemos na atualidade.

Em 1596, Andrea Bacci, médico e botânico romano, publicou uma obra que pode ser considerada o primeiro tratado orgânico de enologia: *De naturali vinorum historia et de vinis Italiae libri septem*. Entre as numerosas informações sobre os usos e costumes ligados à bebida, uma diz respeito ao vinho com borbulhas. Tudo indica que ele já existia naquela época: Bacci escreve a certa altura sobre uma bebida cujo gosto "lanceta a língua". Só um vinho frisante inspiraria essa descrição certeira.

Acima, aparelho para filtragem. Na página oposta, no alto, bagaço de um vinho; embaixo, uma máquina pisadora.

Justamente nos tempos de Bacci começava a se difundir o uso da rolha de cortiça como meio de fechar as garrafas. Na última parte do século XVII, Dom Pierre Pérignon, um engenhoso frade beneditino da abadia de Hautvilliers, soube desfrutar a possibilidade oferecida pela rolha para obter, em robustas garrafas muito bem fechadas, o primeiro verdadeiro espumante da história. O novo vinho agradou, mas sua trajetória de sucesso começou apenas décadas mais tarde, graças à receptividade na corte do Rei Sol. Desde então, houve uma contínua expansão de sua notoriedade e prestígio, até a bebida se transformar em sinônimo de nobreza e luxo.

Durante a *Belle Époque* desenvolveu-se um novo método de espumantização, o das grandes tinas ou autoclaves. A idéia provém de um famoso enólogo francês, Maumené, que, num tratado clássico de 1858, descreveu um aparelho produtor de espuma batizado de Afroforo. Por meio de estudos e experiências – dos quais participou o professor Federico Martinotti, diretor da então chamada Stazione Enologica de Asti, na Itália –, chegou-se ao estabelecimento de um prático método de produção. Colocado em prática em 1907 pelo engenheiro Charmat, de quem herdou o nome, o método continua a ser amplamente utilizado até hoje, acrescido de alguns aprimoramentos. A produção de espumantes se espalhou da França para a Alemanha, tendo início na Itália por volta de 1865, na região de Canelli, por mérito de alguns pioneiros, entre eles Carlo Gancia, que utilizou o método clássico para produzir o Asti Spumante.

Os espumantes classificam-se de dois modos: numa categorização conforme os tipos de uva empregados, há os de sabor simples (Pinot, Chardonnay, Riesling) e os de uvas aromáticas (Moscato, Malvasia, por exemplo); numa classificação segundo a técnica de elaboração, existem os de método clássico, tradicional, e os de elaboração em autoclave.

Acima, tinas para fermentação. Na página oposta, um especialista realiza o remuage *das garrafas de espumante dispostas nos* pupitres.

As uvas de sabor simples, sem prévia pisadura e colocadas numa prensa pneumática, são espremidas gradual e delicadamente, o que resulta num mosto de colorido pobre (a uva Pinot Nero tem, claro, casca preta). O mosto, sem as partes sólidas (caroço, casca, bagaço), segue então para fermentar nas tinas. Completado todo o processo de fermentação, submete-se o produto aos mesmos tratamentos reservados a outros vinhos brancos – ou seja, transfere-se o mosto de recipiente até a primavera seguinte, com constantes controles analíticos e organoléticos. Depois vêm a filtragem e o envio do vinho para a espumantização.

Quanto ao vinhos de uvas de sabor aromático, o mais importante e característico, em escala mundial, é o Moscato d'Asti. Os cachos são pisados e a massa fluida de mosto e bagaço segue para as prensas e o escorrimento. Imediatamente fazem-se a clarificação e a filtragem do mosto. Surge uma massa de cor palha, quase sem levedos, que é resfriada até parar de fermentar: esta é a doce base do Asti Spumante, que segue então para a espumantização.

Das duas técnicas mais aplicadas, a espumantização em garrafa tem a primazia como método de elaboração, tanto em termos de criação como de resultados qualitativos. Depois de atravessar o inverno nos tanques, onde passou por contínuo monitoramento, o vinho é selecionado: só o melhor produto conquista a honra das borbulhas. O "eleito" é filtrado, adicionamse os levedos e uma dose de açúcar refinado que varia entre 22 e 24

gramas por litro – quantidade suficiente para produzir, fermentando, uma elevação alcoólica de 1,3 a 1,4° e para provocar uma pressão suficiente na garrafa. Evidentemente, é necessário dispor de garrafas robustas e resistentes, além de rolhas de vedação perfeita, fortemente ancoradas. A tampa de coroa com a qual se fecha a garrafa antes da fermentação é chamada de "tampa de puxar".

As garrafas cheias e tampadas são dispostas horizontalmente em montes ou caixotes, nos quais ficam alguns meses, tempo em que o vinho, refermentando lentamente, torna-se espumante seco – ou seja, sem açúcar, pois este se transformou em álcool e anidrido carbônico. A seguir, concluída a refermentação, os levedos ficam depositados no fundo. As garrafas permanecem assim por um período de dois a quatro anos. No momento oportuno, identificado por meio de provas periódicas, as garrafas são colocadas de cabeça para baixo em cavaletes especiais dotados de orifícios, os *pupitres*. Ali sofrem o *remuage*, isto é, todos os dias alguém cumpre o ritual de submetê-las a suaves movimentos rotatório e axial. Com esse paciente e delicado trabalho, executado por especialistas, todo o depósito se acumula na tampa, deixando o vinho perfeitamente límpido.

Nesse ponto, pode-se passar à operação final, o *dégorgement*, ou seja, a remoção do líquido da boca do frasco. Colocam-se as garrafas viradas de cabeça para baixo num congelador, no qual a tampa e alguns centímetros do gargalo ficam imersos num líquido a -24 ou -25ºC. Em poucos minutos, forma-se no gargalo uma "rolha" de gelo que engloba todo o depósito – basta tirar a tampa de coroa que a pressão expele o gelo com o depósito. Se preciso, pode-se ainda acrescentar o *liqueur d'expedition*, ou "xarope de dosagem", que é preparado por meio da adição de açúcar no próprio vinho para espumante, adicionando-se ainda (o que é facultativo) um pouco de conhaque ou *brandy*. Por fim, tapa-se a garrafa com a rolha definitiva, bloqueando-a com a gaiolinha.

Autoclaves para fermentação.

A outra técnica de espumantização, o método Charmat (adotado na Itália principalmente pelo Asti Spumante), estendeu-se a todas as outras tipologias de vinho com borbulhas, em especial aqueles à base de Prosecco. A autoclave em que se processa a elaboração é um recipiente de aço inoxidável capaz de resistir a pressões internas de pelo menos 10 atmosferas. Para os espumantes secos, o trabalho em autoclave começa praticamente igual àquele na garrafa. O vinho pronto para a espumantização, ao qual se adiciona a quantidade desejada de açúcar e uma boa cultura de levedos, é introduzido na autoclave para fermentar. O processo é acompanhado e controlado por meio de manômetro e termômetro e, em geral, termina com a completa transformação do açúcar em álcool e anidrido carbônico. Isso determina, da mesma forma que a refermentação em garrafa, certo aumento de gradação alcoólica (1-1,3º) e de pressão (5-6 atmosferas). Em seguida, o espumante é filtrado e engarrafado por meio de uma engarrafadora "isobárica", que impede a perda da pressão.

VINIFICAÇÃO DOS PASSITOS

Os vinhos doces constituem a arqueologia do vinho. O poeta grego Homero os definia como as pérolas da Antiguidade. Para conservar seus vinhos e comerciálizá-los longe da região de produção, os povos antigos – hebreus, egípcios, fenícios, gregos, romanos – secavam as uvas ao sol, obtendo passas com açúcares concentrados, que resultavam em vinhos muito alcoólicos e, portanto, armazenáveis.

Conversão de uvas em passas: acima, elas são estendidas sobre grades cobertas; abaixo, dependuradas em fileiras.

A técnica de produção dos *passitos* varia conforme a metodologia de "passificação", ou seja, de conversão das uvas em passas. Pelo método natural, estendem-se os cachos ao sol, ao ar livre, sobre lajes ou pedras vulcânicas, ou então em locais próprios para esse fim, como esteiras ou grades. Pode-se também dependurá-los em fios de arame. A transformação em passa feita na própria planta é um método usado desde a Antiguidade e ainda empregado no Tokaj, no Sauternes, nos Picolit e em todos os produtos denominados "de vindima tardia". Outra técnica, a de torção do pedúnculo, é realizada sobre o cacho na própria planta, para desencadear a conversão em passa e concentrar os açúcares pela perda de água e pela interrupção da circulação da linfa da videira para os cachos. Alternativamente, pode-se proceder ao corte da vara algum tempo antes da vindima.

Como norma, os vinhos de sobremesa obtidos por meio dessas técnicas são característicos de climas quentes áridos, embora a "passificação" seja praticada há séculos também em áreas setentrionais, mais frias – no caso, empregando-se métodos artificiais. De fato, existem câmaras especiais com temperatura e umidade reguláveis, para estimular a perda de água e a concentração dos açúcares nas uvas. Nada se compara, porém, à "passificação" natural: além do charme do processo, a ação dos raios solares sobre os compostos contidos nos ácinos, especialmente sobre os polifenóis, tem efeito inigualável.

Vale lembrar que esses vinhos, também chamados "de meditação", nasceram dos Moscato e Malvasia, muito ricos em aromas livres como o de linho (abundante no Moscato) e o de gerânio (típico do Malvasia), que, junto com outros terpenos, produzem aromas florais com destacados perfumes de giesta, violeta, tília e rosa. Existem também uvas pouco aromáticas, típicas dos climas temperados frios, que fornecem vinhos *passitos* marcadamente perfumados graças às baixas temperaturas: esses odores delicados seriam destruídos sob climas quentes áridos.

Cacho atacado por "apodrecimento nobre": trata-se da matéria-prima do conhecido Sauternes e dos grandes vinhos "mofados" italianos.

Nos vinhos *passitos*, ocorre a interessante ação do "apodrecimento nobre". Trata-se basicamente de um fungo que ataca os açúcares, os ácidos orgânicos e os compostos azotados e polifenólicos, formando novas substâncias, tais como o ácido glucônico e a glicerina. Estas, em conjunto, conferem ao vinho o perfume e um gosto muito estável de damasco.

Os vinhos *passitos* podem ir à fermentação e ser vendidos na própria safra, como os de Pantelleria, ou então envelhecer em pequenos barris (*caratelli*), como o Vin Santo.

VINIFICAÇÃO DOS LICOROSOS

Uma versão diferente desses vinhos foi desenvolvida após a descoberta da destilação (século XIII), que possibilitou produzir álcool para reforçar os vinhos. São chamados de licorosos os produtos obtidos com a adição de álcool. Podem derivar tanto de *passitos* como de vinhos normais. No primeiro caso, obtêm-se os *passitos* licorosos; no segundo, os vinhos licorosos, que incluem criações enológicas importantes, como o Marsala, o Porto, o Jerez e o Madeira.

O Marsala nasce das uvas brancas cultivadas na parte litorânea e nos relevos de colinas da Sicília ocidental, na província de Trapani, na parte ocidental da província de Palermo e no noroeste da província de Agrigento. Videiras empregadas: Grillo, Catarratto e Inzolia, que dão uvas de alto teor de açúcar e amadurecem entre o final de agosto e o final de setembro. Para os Marsala chamados de Rubi-

Acima, *uvas de bagos brancos utilizadas na produção dos Marsala.* Abaixo, soleras *contendo Jerez em diversos estágios de refinamento.*

no utilizam-se as variedades vermelhas Pignatello, Calabrese e Nerello Mascalese. Realiza-se a vinificação por meio da denominada fermentação em branco, ou seja, separa-se o bagaço do mosto imediatamente após a pisatura.

Acrescenta-se álcool ao vinho obtido, que pode receber ainda a adição de mosto cozido, de mosto concentrado ou de sifão. O mosto cozido é aquele submetido a fogo direto ou a vapor – serve para dar ao vinho coloração âmbar e sabor aveludado de nota amargosa. Já o preparo do mosto concentrado tem duas fases: na primeira, inibe-se a fermentação pelo acréscimo de anidrido sulfuroso, obtendo assim um mosto "mudo"; na segunda, esse composto vai à evaporação e é concentrado a vácuo, o que resulta num xarope denso, rico em substâncias açucaradas de cor de palha e gosto agradabilíssimo. O sifão, por fim, é um mosto cuja fermentação foi interrompida pelo acréscimo de álcool, de modo que sua gradação não seja inferior a 16°.

Conforme o tipo de Marsala que se pretenda obter, o vinho-base é curtido utilizando esses três ingredientes em proporções distintas. Além disso, impõe-se ao vinho um tempo diferente de envelhecimento. O *Disciplinare* específico prevê diversos tipos. Entre os mais importantes estão o Marsala Fine (envelhecido um ano); o Marsala Superiore (pelo menos dois anos); o Marsala Riserva (pelo menos cinco anos); o Marsala Vergine (sofre um processo de madeirização, envelhecendo por no mínimo cinco anos em barris de carvalho da Eslovênia); o Marsala Vergine Stravecchio ou Soleras (similar ao Vergine, mas com o envelhecimento prolongado para dez anos).

O Jerez nasceu no extremo sudoeste da Espanha, na província de Cádiz. As uvas usadas no processo são principalmente de duas variedades de bagos brancos, a Pedro Ximenez e a Palomino. As uvas da Palomino podem ser pisadas logo após uma exposição de oito horas ao sol. Já as Pedro Ximenez são colocadas sobre esteiras de vime

Acima, barris de vinho do Porto na foz do rio Douro; abaixo, cultivo em terraços na ilha da Madeira. Na página oposta, métodos artesanais de produção de uma pequena vinícola.

por 15 dias, a fim de estimular certa concentração, seguindo-se então a pisadura e a fermentação.

O Jerez passa pelo interessantíssimo envelhecimento dinâmico, feito por meio da deposição repetida e cíclica da bebida em pequenas pipas e sob efeito de um extrato de levedo, chamado *flor*. Trata-se de um levedo que, em sua "fase profunda", fermenta o mosto, mas, num segundo momento, emerge para a superfície líquida , onde forma colônias cujas rugosidades lembram uma flor aberta. Sob sua ação, o vinho evolui até adquirir um buquê e uma fineza absolutamente originais.

Determinantes para a maturação do Jerez são a temperatura e o tradicional método *Soleras*. Depois de envelhecer dois anos, a bebida é depositada em barricas chamadas *criaderas*, mantidas empilhadas sobre uma fileira de barricas denominadas *soleras*. A cada ano, estas são esvaziadas em um terço de seu volume, que segue para engarrafamento. O espaço vazio é preenchido pelo vinho das *criaderas*, que, por sua vez, são completadas com Jerez jovem.

Pelo nome Porto indica-se uma gama de vinhos portugueses maturados e engarrafados na cidade do Porto, em Portugal. Portanto, por esse termo entende-se um tipo de vinho, assim como uma designação geográfica de proveniência. As uvas utilizadas em sua produção são principalmente vermelhas e brancas, e a vinificação ocorre no local das vinhas, no Alto Douro. Após a fermentação, o mosto é passado para os barris, adicionando-se então aguardente até superar os 20° alcoólicos. A aguardente interrompe a fermentação e o vinho inicia sua lenta oxidação. Após um ou dois anos, é transportado para a cidade do Porto,

no distrito de Vila Nova de Gaia, uma espécie de cidadela subterrânea do vinho. O envelhecimento no Porto, graças ao qual o vinho pode ostentar o nome da cidade, se dá em pipas, barris de 5 a 6 hectolitros, que permaneceram vazias por vários anos. Avalia-se a qualidade dos vinhos do Porto pela idade: os mais apreciados submetem-se a um envelhecimento longuíssimo, por volta de cem anos ou mais. A chave para descobrir se um Porto tem grande qualidade consiste em verificar no rótulo por quantos anos ele descansou em madeira. O rótulo indica o envelhecimento por duas escalas de idade: 5-15-30-45-60 anos ou 10-20-30-40-60-80 anos.

O Madeira leva o nome da ilha portuguesa na qual é produzido. As uvas empregadas, de bagos brancos e pretos, têm gradações de açúcar bem modestas, que impedem os respectivos vinhos ultrapassarem gradações alcoólicas de 10-10,5°. A fermentação alcoólica acontece depois da separação das cascas, em grandes recipientes (de 100 a 200 hectolitros), nos quais a temperatura é bastante elevada – cerca de 30°C. Com a fermentação concluída, acrescenta-se álcool (a 95-96°) até que o teor alcoólico do vinho chegue pelo menos a 17°. A madeirização natural ocorre por meio de um envelhecimento específico em pipas (de 6 a 20 hectolitros) mantidas com volumes livres muito variáveis: uma pipa cujo conteúdo nunca tenha sido transferido em 20 anos de uso pode ter um volume livre de 50% a 60%. O tempo mínimo legal de envelhecimento em pipa é de três anos. Para vinhos mais prestigiosos aplica-se um refinamento na garrafa por mais dois anos.

VINIFICAÇÃO DOS VINHOS BIOLÓGICOS

É pouco usual atribuir o termo "biológico" ao vinho, uma vez que se costuma entender a bebida não como um item da natureza, mas como produto, resultado da transformação da uva. No entanto, como essa transformação é desencadeada por levedos, está mais do que comprovado o viés biológico da bebida de Baco. A intenção de produzir um vinho biológico implica a adoção de uma metodologia de produção que não provoque danos ao ambiente e que preconize a preservação do equilíbrio do respectivo ecossistema. Tudo isso a serviço também da obtenção de um vinho de qualidade. Mas como alcançar tais objetivos?

Vinhedos ao longo do Reno. A Alemanha é o país europeu mais empenhado na produção de vinho biológico, produto que, no entanto, ainda não representa 1% do total da produção nacional.

Antes de tudo, a uva deve ser obtida por meio de métodos de agricultura biológica disciplinados na Itália pelo regulamento Cee 2.092/91. As normas baseiam-se no princípio de eliminar os produtos químicos de síntese, de modo que a planta se autodefenda, por meio de seus anticorpos, nos confrontos com os parasitas vegetais. A defesa contra parasitas animais deve se dar por meio da introdução de seus predadores naturais. Existem na Itália entidades responsáveis por esse tipo de controle. Anualmente, esses institutos verificam, em vinhedos gerenciados com metodologias biológicas, os resíduos de produtos antiparasitas sobre folhas e cachos, avaliando também eventuais acúmulos no solo de herbicidas e metais pesados, como chumbo e cobre. Ao final de cada safra, e em caso de resultados satisfatórios, confere-se à produção daquele vinhedo a qualificação de "Produto obtido por agricultura biológica". Para chegar lá, porém, há uma "carência" de três anos, durante a qual se ganha a qualificação de "em conversão para agricultura biológica".

Para obter o vinho biológico é preciso adotar ainda o *Disciplinare* de uma das entidades de controle. Suas normas proíbem o uso de substâncias químicas estranhas ao vinho, como o ácido metatartárico, e limitam aquelas nocivas à saúde humana, como o anidrido sulfuroso.

O ENVELHECIMENTO

Concluída a fermentação alcoólica, o vinho se apresenta velado, com um gosto sem atrativo e perfumes dominados pela vinosidade, sem a menor complexidade. É preciso dar-lhe tempo para que encontre a harmonia entre seus componentes. O tempo é um dos componentes fundamentais da qualidade da bebida, junto com a interação do vinhedo com o ambiente e a sensibilidade do homem. O período que se inicia agora, o da maturação, nada tem a ver com a época da vindima, cheia de cores, alarido e energia. O longo tempo do envelhecimento transcorre na quietude e na penumbra da adega. Também o vinho permanece em silêncio, "comunicando-se" com as poucas pessoas com as quais entabula o diálogo de sua transformação.

A partir daqui, os jogos bioquímicos são sutis, complexos. É durante o refinamento que o bom pode chegar a ser sublime, o suficiente torna-se banal e o medíocre assume-se como francamente ruim. Só durante o envelhecimento se revelam os perfumes, as cores e os sabores fortemente característicos de determinado território. É por meio do refinamento proporcionado pelo tempo que os precursores dos aromas se convertem em perfumes, que o buquê se harmoniza com o gosto e que o conjunto se transforma numa unidade.

O período de refinamento varia sensivelmente conforme as diferentes qualidades. Existe uma grande diferença principalmente entre a maturação dos brancos, dos tintos, dos *passitos* e dos vinhos de sobremesa. Até há poucos anos, a palavra "refinamento" se referia exclusivamente aos tintos; hoje, mesmo para os brancos importantes está se delineando a tendência de consumi-los somente alguns anos depois da vindima. Sem dúvida, as técnicas de vinificação em madeira dos vinhos brancos permitiram prolongar o período de permanência na adega, favorecendo a diminuição dos perfumes fáceis e frescos de fermentação, o que propicia o predomínio de sensações muito mais complexas.

Para os vinhos tintos, os últimos 15 anos constituíram um período de acirradas polêmicas envolvendo o histórico barril de carvalho da Eslovênia e o pequeno barril francês de 225 litros em carvalho do Maciço Central (ou seja, a *barrique*). Dois mundos diferentes: o primeiro, respeitoso em relação ao vinho que contém, às vezes até em demasia, quando as dimensões do barril são grandes; o segundo, com muita freqüência violento, tanto que não é considerado um simples recipiente, mas, sim, uma espécie de reator bioquímico.

Mas o que acontece nas madeiras desses barris? Vamos começar pela *barrique*. O oxigênio do ar, ao penetrar através das aduelas (espessura de 2,5 cm), muda sua própria configuração química, chega ao vinho e desencadeia uma série de reações que fazem com que os antocianos, ou seja, os responsáveis pela cor vermelha, se liguem aos taninos, isto é, os polifenóis que garantem a preservação do vinho ao longo do tempo. O vinho torna-se, assim, mais suave, de cor mais escura, intensa e principalmente estável, e o gosto fica enriquecido por substâncias cedidas pela madeira – os polissacarídeos, que conferem ao sabor o tão valorizado toque aveludado.

Acima, barris de carvalho; na página oposta, várias fileiras de barriques.

Existe, porém, um problema. O recipiente é pequeno, quase sempre de 225 litros, e portanto oferece uma enorme superfície de contato entre a madeira e o vinho; este último absorve, assim, uma miríade de substâncias que lhe conferem sabores e perfumes (até de baunilha) que não têm muito a ver com o vinho. Portanto, o risco é o de fazer o vinho perder a identidade de seu território de origem, em favor de uma madeira que nem sempre se sabe de onde provém. No barril, tudo isso acontece em mínima proporção, pois as aduelas geralmente têm espessura bem maior (chegam a 7 cm) e o oxigênio não consegue penetrar através delas. As reações, nesse caso, ocorrem mais simplesmente entre taninos e taninos, que se unem e, ao atingirem certo tamanho, se precipitam. Ao perder as moléculas mais reativas e adstringentes, o vinho talvez se torne menos complexo do que o maturado em *barrique*, mas mantém uma personalidade mais autêntica, dado o limitado contato com a madeira (o barril abriga dez vezes mais vinho).

A conclusão é que o melhor método depende da bebida a ser envelhecida e do objetivo em mente. O resultado será sempre, de alguma forma, ligado à sensibilidade e ao bom senso do homem.

AS DOENÇAS DO VINHO

Quando turvo ou velado, o vinho não tem boa degustação. O pior é que a falta de transparência denuncia quase sempre má conservação ou algum equilíbrio alterado. Hoje, no entanto, é cada vez mais raro encontrar garrafas turvas: graças às normas de higiene adotadas em quase todas as adegas, as doenças do vinho estão prática e felizmente desaparecidas. A seguir, apresentam-se algumas delas.

VINHO ESTRAGADO: alteração provocada por bactérias lácticas, que fazem com que o vinho, ao ser servido, pareça um fio de azeite quando coado.

VINHO GIRADO: entorpecimento, descoloração, enegrecimento dos vinhos tintos ou escurecimento dos vinhos brancos; é uma alteração provocada por bactérias do gênero lactobacilos, que se desenvolvem em ambientes quentes e em vinhos pobres de álcool e de acidez.

VINHO AGRIDOCE: deve-se à fermentação manítica dos resíduos de açúcar, por ação das bactérias lácticas; ataca vinhos jovens, que desenvolvem cheiro de vinagre e ficam com desagradável sabor agridoce.

VINHO COM FLORZINHA: quando um vinho é mantido em recipientes não totalmente preenchidos, com a presença de ar, podem-se desenvolver em sua superfície levedos que atacam o álcool, transformando-o em água e anidrido carbônico; a gradação alcoólica então decresce, e com isso caem as defesas naturais do vinho, abrindo caminho para as bactérias acéticas.

VINHO AVINAGRADO: doença ainda muito temida, porque as bactérias acéticas são particularmente virulentas quando estão num vinho mantido em contato com o ar, não protegido por anidrido sulfuroso livre; o álcool, então, é transformado em ácido acético, comprometendo primeiro as camadas superficiais e depois o lote inteiro. Há risco maior para os vinhos pouco alcoólicos com baixo teor de ácidos e com algum resíduo de açúcar.

Deve-se lembrar também que o vinho engarrafado não é um ser embalsamado – ele ainda está vivo e vai se modificar. Não se pode pretender que fique estável a qualquer preço, porque é justamente na garrafa que devem ser concluídas as reações de saturação e refinamento.

A HISTÓRIA DO VINHO

Existe uma história das videiras e do vinho? Onde ela começou? A antiga e profunda origem do cultivo da videira parece ter nascido em áreas da Ásia e do Cáucaso, onde se encontram as primeiras marcas da domesticação da *Vitis vinifera*. No entanto, tudo ainda está envolto pela névoa da pré-história e da proto-história, embora o episódio de Noé plantando videiras à saída da arca seja o primeiro ato de "cultivo" cumprido pelo patriarca, quase um rito de fundação de uma civilização em renascimento.

É importante lembrar que o cultivo da planta precede o processamento das uvas para a produção de vinho e que a presença no mesmo quadro etimológico dos vocábulos *vitis* e *vinum* indica o forte, exclusivo, absoluto, imprescindível elo da bebida com a videira. Essa ancestral e estreita interdependência – relatada por pictogramas sumérios já em fins do IV milênio a.C. – merece uma reflexão mais demorada, até para julgar a adequação de atribuir o nome de "vinho" igualmente a bebidas derivadas de outras frutas ou matérias-primas.

Ainda no campo etimológico, vale citar também que a palavra hitita *tuwarsa* ("videira") acabou incorporada ao grego como *jursos* ("bastão das bacantes"). A transição do termo botânico para a terminologia de significado mítico talvez reflita a própria conversão da planta em bebida, operada por meio de um segredo misterioso: o da fermentação. E aí emerge outra característica marcante do vinho, que é sua forte simbologia relacionada ao universo sobrenatural, religioso e, desde o cristianismo, sagrado.

Outra ocorrência digna de nota é que com a navegação micênica e fenícia estabeleceu-se no sul da península Itálica a prática do cultivo a "cepo baixo", que chegou a tipificar a paisagem de uma terra que já foi chamada de Enótria, a pátria dos enótrios, talvez antigas populações ilírias fixadas na costa da Calábria, na Lucânia e no sul da Campânia. Esse nome parece derivar das videiras cultivadas baixas, dispostas de três em três e atadas em pequenas pirâmides.

Também faz sentido lembrar que a mais antiga citação sobre o aproveitamento das uvas e sobre a produção de vinho na Itália está contida no canto IX da *Odisséia*, quando Ulisses oferece a Polifemo o exótico vinho de Ismaros (cidade da Trácia), "escuro e doce", que o ciclope compara com aquele bem mais modesto que ele mesmo produz (na Sicília) a partir de plantas silvestres. O episódio lembra, assim, os traços de uma civilização proveniente do Oriente, na qual a região de Ismaros já definia uma primeva "denominação de origem".

Acima, nave vinária romana do século III d.C. reconstitui um rito fúnebre. Abaixo, sofisticada peça artesanal do século VI a.C. Na página oposta, uma bilha egéia da segunda metade do III milênio a.C.

Na península Itálica, a viticultura desenvolveu-se aos poucos, por influência dos gregos e, depois, dos etruscos-romanos. As motivações para o consumo, as variedades utilizadas, os sistemas de cultivo e as técnicas agronômicas desenhavam e definiam a bebida e suas derivações. De um lado, emergiu uma viticultura qualificada, assentada no "palo seco", destinada a produzir uma bebida nobre, culta e sofisticada, dotada de incomparável bagagem simbólica e mítica. Para os gregos, o vinho podia de fato tirar o homem do isolamento, de seu estado selvagem, e enviá-lo para horizontes de cultura. O ato de beber era quase como um "demarcador, linha-limite entre ser homem e não sê-lo". Considerava-se o vinho, portanto, socialmente "bom", mas num quadro de sobriedade, porque o consumo excessivo abriria caminho para a falta de medida, a barbárie, a não-cultura.

De outro lado, implantaram-se variedades mais produtivas, aproveitaram-se terrenos mais férteis, as videiras foram acasaladas com árvores e a produção de vinho cresceu. Sob o domínio romano, a bebida chegou a ser consumida por todas as classes sociais, inclusive os escravos. A relação do homem da época com o vinho, porém, também foi difícil e complicada, às vezes até conflituosa – embora os estudiosos de então expressem certo afeto em suas descrições técnicas sobre o cultivo da videira.

Tanto na viticultura propriamente dita como no plano simbólico verificavam-se contrastes, que em parte explicam o dualismo entre a exuberância produtiva e a qualificação dos vinhos. Dualismo que se refletiu na história, nas tradições e nos hábitos vitivinícolas também da península Itálica. Tal ambigüidade foi tanto causa como conseqüência do aumento do consumo e da abundância de videiras e de vinho, principalmente na época de Trajano, quando se consumia grande quantidade da bebida em Roma e no norte da Europa.

A crise do Império Romano, contudo, repercutiu no campo. A produção começou a encolher visivelmente e a demanda, habitualmente elevada, passou a ser atendida também por sucedâneos do vinho, como os derivados de figo, maçã e amora.

Na Alta Idade Média, o cultivo da videira foi redimensionado. As vinhas passaram a recobrir principalmente as encostas das colinas (*vitiferi colles*), em grande parte por obra dos monges. Por sua vez, o consumo do vinho reassumiu características elitistas ou religiosas. Após o ano 1000, novas mudanças políticas e sociais voltaram a ter influência sobre a viticultura: começava a era das Comunas, com a afirmação das repúblicas litorâneas. A burguesia passou a consolidar sua vitória sobre o feudalismo, proibindo aos vencidos habitarem o campo. Esse foi o provável limiar do grave fenômeno do absenteísmo dos grandes proprietários de terra, o qual teve repercussões também sobre as modalidades de difusão da viticultura ao longo dos séculos seguintes.

No entanto, as Comunas exerciam outros tipos de ações positivas para o setor, favorecendo o repovoamento do campo com grandes obras de benfeitoria. Os trabalhadores mais empreendedores passaram a ter terras cultiváveis sob seus cuidados. Iniciava-se, assim, a formação do sistema de livre cultivo, enquanto desaparecia a servidão à gleba. Conseqüentemente, ao lado da viticultura nobre e eclesiástica da Alta Idade Média surgiu (e, com o tempo, ganhou cada vez mais importância) a viticultura burguesa, nascida sob um clima mercantilista, a serviço das crescentes necessidades das populações. Como era de esperar, o consumo foi retomado e cresceu, impulsionando a expansão dos vinhedos e o cultivo das vinhas.

Nos séculos XII a XIV já havia uma estreita conexão entre vida social e cultivo vitícola, como mostram vários estatutos urbanos e milhares de cláusulas expressas em documentos da época, todos voltados para a defesa desse cultivo. Os conhecimentos técnicos sobre o tema evoluíram sensivelmente e obras sobre vitivinicultura se multiplicaram. No entanto, entre os séculos XVI e XVIII disseminou-se (e aprofundou-se) certo distanciamento da produção intelectual e acadêmica em relação ao trabalho de grande parte da base produtiva, com a lida no vinhedo passando gradualmente para as mãos de classes rurais pouco preparadas, pobres e necessitadas. As condições ambientais e sociais certamente favoreceram a expansão da viticultura na península Itálica, que se transformou num caso único no mundo de país em que cada província era identificada por seu cultivo de videira. No entanto, o vinho foi perdendo em qualificação justamente devido a sua destinação principal: o consumo das classes rurais e humildes. O fato de a bebida ser usada como moeda de troca em transações entre agricultores também em nada contribuiu para que se melhorasse a qualidade do vinho.

Acima, **Outubro**, *parte do ciclo de afrescos datados do século XIV do castelo de Buonconsiglio, em Trento. Na página oposta, a partir do alto, Baco numa gravura flamenga e a parte interna de uma taça de Deruta: as duas peças são da segunda metade do século XVI.*

Principalmente no século XVIII, com a intensificação do comércio internacional, os produtos italianos revelaram suas graves deficiências, ficando em segundo plano na comparação com a produção de outras nações, como a França. Era preciso, então, reagir. Numa opereta de 1601, de Gian Battista Croce, joalheiro de Carlo Emanuele I, fala-se da "excelência e diversidade dos vinhos produzidos na montanha de Turim". Segue-se a citação de uma série de videiras nobres até ser lembrada a Manzana, que faz "vinho bom para serviçais". Esta é uma demonstração do conceito, vivo durante séculos, de que se deveriam produzir vinhos ruins para as classes inferiores. Esse tipo de mentalidade pode ter condicionado o conceito de viticultura camponesa e de baixa qualidade.

Acima, em gravura da época, a vidraria de Sesto Calende, inaugurada em 1906 para produzir garrafas. Abaixo, uma bilha liberty. *Na página oposta, as diferentes cores das modernas garrafas de vinho.*

Como efeito previsível, os vinhos italianos foram esmagados pela concorrência internacional. Em palestra na Accademia di Conegliano, no final do século XVIII, Antonio del Giudice condenava "a cobiça dos camponeses em liberdade, devido à negligência dos patrões". E lembrava uma data fatídica, que ajudou a acelerar em toda a Itália a piora dos cultivos. Em fevereiro de 1709, uma terrível geada destruiu muitas vinhas, e o replantio subseqüente dos vinhedos foi efetuado com predomínio de variedades ruins. Muitas dessas videiras tinham nomes emblemáticos: Enche-barril, Joga-lagares, Carrega-o-burro, Mija-claro... Além disso, em cada região houve a difusão de inúmeras variedades, provocando uma confusão generalizada na produção vinícola.

As comissões provinciais do Comitê Central Ampelográfico, instituído pelo Reino da Itália em 1872, surgiram para enfrentar essa situação caótica, evidenciada com duras palavras pelo presidente Francesco Lawley em 1876, diante do Conselho Superior da Agricultura: "O desenvolvimento e a afirmação da produção e da indústria vinífera na Itália encontram obstáculo na obscuridade que reina entre nós em torno do infinito número, da qualidade e da natureza das variedades de videira... Tal confusão deriva de termos confiado, no passado, o cultivo da videira às classes rurais, que cultivaram e cultivam de preferência variedades de videira com maior abundância de uva, deixando de lado as que produzem pouca, mas que são as únicas capazes de fornecer ótimo vinho".

Dessa tomada de posição nasceu todo um trabalho de reavaliação relativo à seleção das melhores videiras, orientado por uma preparada equipe de ampelógrafos: Acerbi, di Maniago, Gallesio, di Rovasenda, Molon, Mondini, Sannino, Dalmasso, Costo e outros. À base de muita experimentação e estudo, as academias iniciaram e orientaram um processo de mudança radical, pouco a pouco acompanhado pelos produtores mais esclarecidos. Começava a verdadeira revolução tecnológica, que nascia das escolhas feitas no campo e prosseguia com o rápido aprimoramento de todas as técnicas de vinificação.

Também havia, contudo, dificuldades estruturais do campo, de caráter social e organizacional. A "revolução" agrária do século XIX favorecera a difusão da viticultura camponesa, levando a forte fragmentação das instalações vitícolas (ainda hoje o vinhedo médio italiano tem menos de um hectare) e à separação entre a produção da uva e sua vinificação. O problema se impôs aos especialistas, que pensaram em resolvê-lo com intervenções técnicas. As motivações sociais em torno da questão, no entanto, impediram que se chegasse a uma solução definitiva – a qual se espera até os dias de hoje.

Alguns pontos fundamentais, no entanto, foram aos poucos penetrando na mentalidade dos agricultores, entre eles o conceito da escolha das variedades e da ligação orgânica entre a produção da uva e sua conversão em vinho. E é exatamente este o ponto central que pode fazer com que a Itália supere as oscilações entre grande produtividade e alta qualificação, às quais a viticultura nacional parece eternamente condenada.

Atualmente, está se anunciando um novo tempo na civilização do vinho, no qual parece possível conciliar altos níveis de produção e consumo sem nenhum prejuízo para a qualidade. A difusão do conceito de qualidade e a emergência de consumidores mais exigentes são elementos básicos para que a Itália, que já tem a tradição como ponto forte, encontre sua estabilidade. Nesse quadro, a viticultura e a enologia italianas oferecem ao consumidor, hoje muito mais articulado, produtos com uma qualificação que deriva de dois elementos fundamentais: territórios cultivados e videiras utilizadas, ambos, agora, sob proteção de legislação específica.

Os povos de cada província italiana guardam em sua memória cultural marcas profundas das tradições vinícolas. A conexão do italiano com o vinho, não por acaso, revela-se tão natural quanto complexa. Não é de estranhar, assim, a grande preocupação demonstrada pelos produtores em não trair o repertório de conhecimentos herdado de seus ancestrais, ainda que se mantenham atualizados com os mais recentes avanços técnicos e tecnológicos.

AS REGIÕES DO VINHO

Nos últimos 30 anos a Itália do vinho sofreu uma verdadeira e completa revolução. Hoje, nada mais é igual ao que era antes. Aquela viticultura antiga e típica das áreas rurais, na qual a videira era "acasalada" a uma árvore (chamada de "tutor vivo"), para se sustentar, está extinta. E desapareceu também a viticultura "promíscua", aquela que mantinha no mesmo campo plantações de grãos ou hortaliças alternadas com videiras e oliveiras, ou ambas. Da mesma forma, não se vêem mais cestos de uvas transportados no lombo de jumento até a adega. Embora as produções artesanais destinadas ao autoconsumo sobrevivam, hoje a Itália é um país na vanguarda da enologia, que produz alguns dos maiores vinhos do mundo.

A virada começou na década de 1960, quando o sistema produtivo italiano, baseado em grandes produções a baixo custo (e certamente de nível duvidoso), assistiu a dois fenômenos: a progressiva diminuição do consumo de álcool *per capita* em nível mundial e a emergência de novos países produtores, que recorriam a tecnologias de ponta em vinificação. A França matinha intacto o prestígio que seus grandes vinhos lhe haviam assegurado ao longo de séculos, enquanto as garrafas com as cores da bandeira da Itália encontravam dificuldade cada vez maior para penetrar nos disputados mercados internacionais.

Foi então que os melhores produtores italianos iniciaram um extensivo trabalho de modernização e de experimentação que em poucos anos produziu resultados incríveis. Surgiram novos vinhos e novos estilos e foi redesenhada a fisionomia dos grandes rótulos de tradição, como Barolo e Brunello di Montalcino.

Num primeiro momento, foram modernizadas as adegas, com a introdução de vinificadores de temperatura controlada, os quais permitem produzir em regiões quentes vinhos brancos tão frutados, perfumados e aromáticos como aqueles que antes só eram obtidos em locais de clima frio. Com a ajuda de levedos de fermentação selecionados e de modernos sistemas de filtragem e estabilização a frio, nasceu a nova geração dos brancos frutados italianos. Quanto aos tintos, o estudo das fermentações malolácticas e de novas técnicas de fermentação permitiu produzir vinhos de porte mais suave e redondo, que logo conquistaram notável sucesso.

A esses aprimoramentos de ordem geral uniu-se um esforço de pesquisa na área de vinhos de alto nível. A partir do final da década de 1960 foram experimentadas novas técnicas produtivas, que previam a introdução, em quase todas as regiões, das chamadas videiras "internacionais", ou seja, Cabernet Sauvignon e Franc, Merlot e Pinot Nero para os tintos, e principalmente Sauvignon Blanc e Chardonnay para os brancos. Essas uvas eram vinificadas isoladamente "em estado puro", gerando vinhos de gosto novo (tradicionalmente difundidos apenas em poucas áreas), ou então misturadas às uvas tradicionais. Começou-se assim a maturar os brancos e tin-

Acima, modernas instalações de vinificação e engarrafamento de empresas italianas que estão renovando a enologia do país. Na página oposta, refinamento em garrafa ou em barriques *para vinhos de importância e destinação diferentes.*

tos mais importantes em pequenos barris de madeira de carvalho francês novo, as *barriques*, usadas pelos franceses e pelos norte-americanos. Isso conferiu a tais vinhos um toque tostado e de baunilha até então desconhecido entre os produtos italianos. Exemplos clássicos dessa etapa de renovação são os "Supertoscanos", grandes tintos criados pelas melhores empresas da Toscana a partir da metade da década de 1970, com uvas Sangiovese e Cabernet e maturados em *barriques*. De sucesso incrível na Itália e em outros países, tiveram forte influência na enologia dos anos subseqüentes.

Na década de 1980 essa tendência se consolidou. As videiras internacionais e novos barris (pequenos, como as *barriques*, ou grandes) foram introduzidos em quase todas as adegas italianas. Os anos 1990 assistiram ao progressivo aprimoramento técnico e estilístico dos melhores produtores italianos e à reorganização do setor das cooperativas. Os grandes vinhos atuais do país têm uma profundidade e um equilíbrio que poucos podiam ostentar há 15 anos.

Na década de 1990, por fim, mexeu-se em outro aspecto fundamental da produção: a renovação dos vinhedos e a seleção dos clones. Os vinhedos concebidos nos anos 1960 para dar muita uva (mas sem excelência) passaram a dar lugar a plantações mais adequadas, cuja produção de uva por planta e por hectare é mais baixa, mas com nível muito superior. No que se refere às principais uvas para vinho, iniciou-se em muitas regiões o trabalho de seleção dos clones, isto é, dos melhores indivíduos de uma variedade, a partir dos quais serão reproduzidas, por multiplicação, as novas videiras. Tudo isso converge para o trabalho de "zoneamento" empreendido em muitas regiões vinícolas. Este consiste no estudo da interação solo–clima em cada parte do território para cada videira típica dessas zonas. Em poucas palavras, com esse estudo aprofundado é possível definir com certeza que áreas da DOCG Franciacorta, por exemplo, são mais aptas para a produção dos brancos ou dos tintos, e com que uvas especificamente.

Acima, grandes barris numa adega da região de Barolo; à direita, logotipo de um moderno consórcio de produtores; abaixo, o território de Franciacorta num mapa antigo. Na página oposta, a partir do alto, vinhedos na Lombardia, Alto Ádige e Friuli.

Assim, hoje o Piemonte apresenta grande riqueza de vinhos tintos importantes nas zonas de Langhe, Roero e Astigiano, exemplificados pelos grandes Barolo, Barbaresco, Dolcetto e Barbera, embora na região se originem também ótimos brancos, como o Erbaluce, o Arneis e o doce Asti, famoso no mundo inteiro.

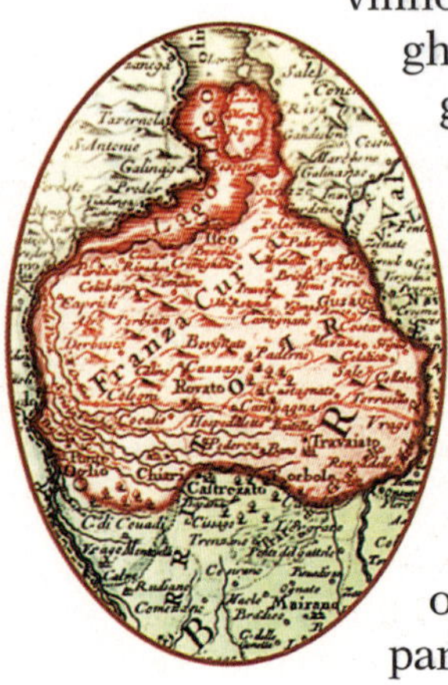

A Lombardia tem nas províncias de Brescia e de Pavia os dois mais importantes distritos vinícolas. Em Brescia, principalmente em Franciacorta, originam-se talvez os melhores espumantes italianos, além de excelentes brancos e bons tintos. O Oltrepò é o berço do Pinot Nero – no entanto, destina a maior parte dessa uva à produção de espumantes. Em Valtellina

nascem grandes tintos, como o Sassella e o Sfursat, feitos à base de uvas Nebbiolo, enquanto no lago de Garda são produzidos ótimos brancos frutados, como o Lugana.

A região do Vêneto deve sua fama internacional tanto ao encorpado e alcoólico Amarone – obtido de uvas Corvina Veronese, Rondinella e Molinara "passificadas" em grades durante alguns meses após a vindima – como a sua versão mais "fria", o Valpolicella. O Soave e o Prosecco di Conegliano Valdobbiadene são outros *best-sellers* de nível mundial.

Friuli é a pátria dos grandes brancos italianos, maturados em *barriques* ou em aço. Seus vinhos Sauvignon, Chardonnay, Tocai Friulano e Collio Goriziano – sem falar dos Grave – não temem confronto em nível internacional.

A região de Trento propõe excelentes espumantes Método Clássico e de *status* DOC, além de tintos fragrantes (como o Teroldego Rotaliano) e brancos excepcionais (como o Nosiola, o Pinot Grigio e o Chardonnay). E o Alto Ádige oferece, sempre com regularidade, uma gama impressionante de grandes vinhos: Lagrei, Cabernet e Merlot entre os tintos; Chardonnay, Gewürztraminer e, principalmente, Sauvignon entre os brancos.

Se a Emília-Romanha é a terra dos vinhos fáceis de beber, como o Lambrusco e aqueles dos Colli Piacentini, no setor oriental da região vêm surgindo produções de excelente qualidade, tanto de tintos como de brancos, que vão dos grandes Sangiovese di Romagna aos modernos e inovadores Cabernet ou Merlot.

A Toscana mereceria um livro só para ela, mas é bom saber que, além de figurar na primeira linha com vinhos como o Chianti Classico, o Brunello di Montalcino e o Vino Nobile di Montepulciano, a região comporta zonas importantes que podem vir a evoluir, como Bolgheri, famosa por seus vinhos à base de Cabernet e Merlot.

Na região de Marcas não se produz apenas o Verdicchio dei Castelli di Jesi ou di Matelica: há aqui ótimos tintos tanto na categoria dos vinhos de mesa como na dos DOC, como o Rosso Conero e, já há algum tempo, o Rosso Piceno. O Lácio dedica-se aos brancos, como o Frascati, mas seus melhores vinhos nos últimos anos têm sido os tintos de porte internacional produzidos a partir de Cabernet, Merlot e Syrah.

A Úmbria é famosa mundialmente pelo branco Orvieto, mas esse território, que também produz excelentes brancos doces, parece mais adequado aos grandes tintos. O Sagrantino di Montefalco, com sua estrutura monumental, é, de alguns anos para cá, um dos fenômenos da enologia italiana: traz em si o rico patrimônio oculto das uvas autóctones. Por sua vez, Torgiano produz bons brancos e tintos de nível há pelo menos 30 anos.

Abruzzo é dominada por dois vinhos: o Trebbiano d'Abruzzo, que às vezes nos faz voltar a acreditar no potencial dessa uva, e o Montepulciano d'Abruzzo, um tinto obtido da videira homônima que está à altura dos melhores tintos italianos.

A Campânia é célebre por seus brancos (Fiano d'Avellino e Greco di Tufo) e também pelos brancos de Ísquia e Capri. No entanto, tem condições ainda de produzir tintos de grande caráter, como vêm demonstrando os melhores produtores de Taurasi, das zonas do Massico e do Cilento – mesmo que muitos dos grandes tintos da região sejam vinhos de mesa e não DOC.

A Basilicata permanece ligada a seu Aglianico del Vulture, que está renovando a própria imagem, enquanto a Puglia, uma das regiões mais produtivas em termos quantitativos, tem no extremo sul seu melhor território, pelo menos no que se refere aos grandes tintos, à base de uvas Primitivo (como na DOC di Manduria e Gioia del Colle), Negroamaro, Malvasia Nera e de Tróia (como nas DOC Salice Salentino ou Brindisi Rosso).

Acima, vista de Orvieto; abaixo, vinhedos na região de Marsala. Na página oposta, a partir do alto, vinhedos na Toscana e nas Marcas.

A Calábria não tem uma expressão do nível das outras regiões italianas, apesar de suas grandes potencialidades – apenas alguns produtores de Cirò e de Scavigna parecem ter começado a ambicionar vôos mais altos. Quanto à Sicília, parecia relegada ao papel de terra de vinhos brancos econômicos e de vinhos de meditação, como o Marsala e o Passito di Pantelleria.Nos últimos anos do século XX, porém, a ilha apresentou grandes vinhos de uva internacional, como Chardonnay, Merlot e Cabernet Sauvignon, assim como ótimos tintos de uvas autóctones (Nero d'Avola, Frappato e Nerello Mascalmese). Também aqui o futuro parece ser dos tintos.

Fecha esta panorâmica a Sardenha, que ostenta excelentes vinhos em todas as categorias, dos frescos Nuragus e Vermentino di Sardegna a poderosos tintos (como o Carignano de Sulcis, o Cannonau di Sardegna) e excelentes Cabernet Sauvignon, passando por brancos bem estruturados, como o Vermentino di Gallura, e grandes vinhos de meditação (Nasco di Cagliari e Vernaccia di Oristano).

Apesar da quantidade de nomes de produtos, essas são apenas algumas indicações dentro do vasto universo de escolha da enologia italiana. A descoberta da grande Itália do vinho, contudo, é um desafio diferente para cada enófilo: no que diz respeito ao vinho, nenhum outro lugar do mundo se equipara a esse território.

UM MUNDO DE VINHOS

Há um mundo de vinhos que esperam apenas ser descobertos. Ainda no final da década de 1960, qualquer bebida além de uma garrafa de conhaque ou de vermute francês parecia uma excentricidade em qualquer loja italiana especializada em vinhos – exceto obviamente o insuperável e ubíquo champanhe. Hoje, até na mais recôndita adega provinciana é possível escolher entre numerosos rótulos de todo o mundo. Em termos quantitativos, a Itália não costuma importar muitas garrafas de vinhos de prestígio. Ainda assim, é possível encontrar um pouco de tudo, o que confirma a curiosidade dos consumidores italianos e sua vontade de ampliar o próprio conhecimento sobre o mundo e as realidades e culturas dos demais países produtores.

Acima, o Clos de Vougeot, na Borgonha, que desde o século XII representa o centro da cultura do vinho francês (abaixo, um champanhe). Na página oposta, as adegas da abadia de Eberbach, da mesma época, e a placa de um restaurante alemão.

É impossível falar de vinhos – particularmente de grandes vinhos – sem começar pela França. Embora provavelmente seja verdadeira a tese de que a videira foi levada para além dos Alpes pelas legiões romanas, não resta dúvida de que os franceses souberam muito bem como imprimir nobreza ao vinho e à viticultura. Até há bem poucos anos, era consenso que o nível dos grandes rótulos de lá dificilmente poderia ser atingido em outras áreas do mundo. Bordeaux está no topo da lista: é a terra dos grandes tintos Cabernet Sauvignon, Cabernet Franc e Merlot. Terra onde as empresas produtoras são chamadas de *Châteaux* e cujos vinhos, de preço estonteante, inspiram grandeza apenas ao serem mencionados. As *barriques*, os *crus*, os leilões de vinho foram inventados em Bordeaux, de onde todo ano partem rios de tintos diretamente para as maiores adegas do mundo.

A Borgonha é totalmente diferente. Não existem *Châteaux* e sim *Domaines*, muitas vezes pequeníssimos trechos de

poucas centenas de metros quadrados. Mesmo assim, saem de lá brancos de uvas Chardonnay e tintos de Pinot Nero (para os franceses, Pinot Noir) de assombrosa credibilidade em nível mundial. Basta citar que do mais famoso tinto da região, o celebrado Romanée-Conti, não se sabe nem o preço inicial das raras garrafas. Na Borgonha se pode aprender a distinguir as mil nuanças que determinada exposição ao sol e um solo diferente podem dar ao mesmo vinho. Provar os produtos de lá é um meio de conhecer verdadeiramente o vinho – pelo menos, para paladares já bem experientes. Quem gosta das sensações fortes pode escolher os tintos potentes do sul, da Côte du Rhône, a base de uvas como Grenache (Canonau), Cinsaut (Ottavianello), Syrah (similar ao Nero d'Avola), ricos em frutas e com tons de especiarias. Inesquecíveis.

O vale do Loire tem grande oferta, mas os vinhos mais famosos são aqueles à base de Sauvignon, sisudos e com muitos perfumes vegetais: Sancerre e Pouilly-Fumé, entre os mais conhecidos. Em Champagne, berço do espumante mais famoso do mundo, o nível médio da produção é, no mínimo, excepcional. Isso para não falar dos grandes *cuvée*. A Alsácia é a terra dos grandes brancos espessos, suaves e aromáticos. Gewürztrainer, Pinot Gris, Muscat, Riesling são vinhos fascinantes, ricos e opulentos, que nascem de videiras de incrível vocação.

A Alemanha ostenta tradições vitícolas antiqüíssimas, e hoje produz vinhos brancos e tintos de nível em numerosas zonas, da Francônia ao Palatinato. Mas é ao longo do curso do Reno, do Médio Reno e de seus afluentes Nahe e Mosela que nasce o maior vinho alemão, aquele que, para muitos especialistas, é o melhor branco do mundo: o Rheinriesling ou Riesling renano. Sob esse nome oculta-se um mundo particular, que requer um estudo atento para que se destrinchem as milhares de

denominações de subzonas e vinhas. Trata-se de brancos concentrados e de enorme longevidade, que podem maturar com elegância durante décadas. Beerenauslese, Trockenbeerenaulese e Eiswein (de cachos de uva congelados na planta) são nomes mágicos para os apaixonados.

A Hungria, como o resto do Leste europeu, está hoje em fase de reorganização, mas não deixa de ter belos vinhos. O mais célebre é o Tokaj, freqüentemente confundido com o Tocai, o querido branco dos italianos de Friuli. O Tokaj tem fama de um dos melhores vinhos doces do mundo, mas os magiares também sabem fazer excelentes tintos e brancos ricamente perfumados.

Espanha e Portugal são países de grandes tradições. Em ambos, estão disponíveis todos os estilos de vinhos, do doce licoroso, como o Jerez Oloroso espanhol ou o Porto Tawny lusitano, aos brancos perfumados e frutados ou aos grandes tintos de projeção internacional, como o Rioja e o Ribera del Duero, ambos espanhóis feitos de uvas Tempranillo. Os prestigiosos tintos portugueses do Dão, do Alentejo e do Douro também têm classe de sobra.

Em Portugal é obrigatória uma escala na ilha da Madeira, célebre por seus vinhos licorosos de incrível potencial de envelhecimento. De lá, pode-se passar para a África do Sul, onde, na região do Cabo, nascem excelentes Merlot, grandes Cabernet, algumas variantes de Bordeaux e o clássico da enologia sul-africana, o Pinotage, um cruzamento entre Pinot Nero e Cinsault. Também os brancos, principalmente Chardonnay e Sauvignon, exprimem-se muito bem nesse país de clima temperado.

Cruzando o Atlântico, a próxima etapa são os Estados Unidos. Vinho *made in USA* lembra, invariavelmente, a Califórnia. São produzidos bons vinhos também na costa leste, da Virgínia a Long Island, só para citar duas regiões. Os grandes Cabernet Sauvignon e Chardonnay (rigorosamente maturados em *barriques* novas) dos vales de Napa e de Sonoma começaram a fazer incrível sucesso internacional na década de 1970. O fenômeno revolucionou completamente a enologia de todos os países produtores e destacou a Califórnia no mapa-múndi dos vinhos. Atualmente, a produção é bem mais variada, abrangendo uma riquíssima gama de estilos, com vinhos elaborados a partir de uvas do mundo todo. Os estados do noroeste, Washington e Oregon, de clima mais frio, dão vida a ótimos brancos, como o Sauvignon (principalmente Washington), e tintos de Pinot Nero (a maioria do Oregon). A nação vizinha, o Canadá, também se aventura na produção de vinhos.

Quanto aos países da América do Sul, o Chile é o que desfruta de maior notoriedade internacional. Ao sul da capital, Santiago, e ao longo dos vales que partem daquela faixa central, tendo de um lado os Andes e do outro a costa, a *vitis vinifera* encontrou um excelente *hábitat*, capacitando os chilenos a produzir a clássica seqüência dos grandes vinhos internacionais, em especial a partir de uvas Cabernet e Chardonnay. Do outro lado dos Andes, na mesma latitude das vinhas chilenas, estão suas similares argentinas, na região de Mendoza. Lá cresce a videira que protagonizou a rápida escalada enológica da Argentina, atraindo enólogos e investidores do mundo todo: trata-se da Malbech, uma uva vermelha originária de Bordeaux e que tem dado esplêndidos vinhos ao sul do equador.

Acima, vinhedos nas cercanias do Cabo da Boa Esperança, na África do Sul; na página oposta, uma secular coleção de Tokaj húngaros. Embaixo, dois Cabernet Sauvignon, provenientes dos Estados Unidos (à esquerda) e do Chile.

Também bons e prestigiosos são os grandes vinhos australianos. Toda a vertente meridional do país produz vinho. De Perth, no oeste, até o norte de Sydney, na Nova Gales do Sul, não faltam áreas adequadas à viticultura. O vinho mais representativo da enologia australiana, na vanguarda mundial quanto à tecnologia de produção, é o rico, estruturadíssimo e pleno Shiraz, um tinto obtido também no sul da França, mas que na Austrália se exprime com singular potência e carga de aromas de especiarias. Já a Nova Zelândia é a casa do verde e aromático Sauvignon Blanc, produto único no mundo, graças ao clima frio e aos especializadíssimos enólogos locais.

Essa viagem de delícias não termina nunca. Do México ao Líbano, da Tunísia à China, passando pela Rússia, de Israel ao Japão, existem milhares de áreas vinícolas e de ótimos vinhos. Melhor, portanto, não perder tempo. É hora de partir, taça na mão, à descoberta do mundo do vinho.

VOCABULÁRIO DO VINHO ITALIANO

ABBOCCATO Na Itália, vinho suave, levemente doce, caracterizado por conter um ligeiro resíduo de açúcar.

ACIDEZ FIXA A acidez determinada apenas pelos ácidos não-voláteis.

ACIDEZ TOTAL Componente fundamental de um vinho, é a soma dos diversos ácidos (fixos e voláteis) presentes (málico, tartárico, cítrico, acético), expressa em g/l. Dela dependem a saúde e a boa conservação de um vinho, além de sua grandeza.

ÁCIDO Rico em acidez.

ADOCICADO Vinho suave, levemente doce. Ver **ABBOCCATO**.

ADSTRINGENTE Vinho com excesso de taninos e acidez, rústico de gosto e que tende a amarrar a boca.

AGLIANICO (*tinto*) A *Vitis hellenica*, conhecida pelo nome de "aglianico", foi introduzida pelos antigos gregos na Campânia, de onde se expandiu para a Basilicata e a Puglia. Dessa variedade se obtém um vinho tinto encorpado, rico em acidez e taninos, estruturado e importante, que com o envelhecimento adquire grande elegância e fineza de perfumes. O Taurasi DOCG e o Aglianico del Vulture DOC são os vinhos mais famosos feitos à base dessa uva.

ALBANA (*branco*) Difundida quase exclusivamente na Romanha, dá origem a um famoso e típico branco DOCG, o Albana di Romagna, que existe em versão seca, suave, doce e *passito*. Esse último tipo vem se impondo como o mais importante do ponto de vista qualitativo.

ALBAROLA (*branco*) Videira de bagos brancos típica da zona de Cinqueterre, na Ligúria. Com o Bosco e o Vermentino, constitui a base do Cinqueterre Bianco e do exótico *passito* Cinqueterre Sciacchetrà.

ALCOÓLICO Diz-se do vinho perfumado e de sabor caracterizado por destacada presença alcoólica.

ALEÁTICO (*tinto*) Nas colinas do rio Elba, em Portoferraio, na zona setentrional do Lácio, em Gradoli, e também na Puglia, esta variedade se exprime com toda a força que pode ter uma grande videira vermelha mediterrânea. Os vinhos que derivam dela são doces, potentes, alcoólicos, aromáticos – com freqüência, constituem autênticas jóias desconhecidas.

ALLAPPANTE Vinho áspero, rústico e adstringente graças ao excesso de tanino.

AMABILE Na Itália, vinho relativamente doce.

AMADEIRADO Vinho levemente oxidado; às vezes não se trata de um defeito, mas de característica típica (Madeira, Marsala).

ÂMBAR Cor de muitos vinhos *passitos* e/ou licorosos (Passito di Pantelleria, Marsala Superiore etc.). Também está presente em alguns brancos oxidados e decrépitos.

AMPELOGRAFIA Disciplina que descreve e classifica as videiras.

AMPLO Diz-se de um perfume ou de um vinho particularmente rico e complexo. O mesmo que envolvente.

ANCELLOTTA (*tinto*) Variedade difundida principalmente nas regiões centrais da Emília, onde é conhecida também pelo nome de Lancellotta. Produz uma uva bastante rica em substâncias colorantes e é considerada uma íntima parente da numerosa família dos Lambruscos.

ANSÔNICA ou **ANSONACA** (*branco*) Ver **INZOLIA**.

ARISTOCRÁTICO Vinho fino e elegante, mas também único, de rara qualidade e superior a seus similares. São considerados assim apenas os maiores vinhos, seja por tradição histórica, seja por suas únicas características organoléticas.

ARNEIS (*branco*) Variedade de uva branca até há não muitos anos em risco de extinção e hoje cultivada com crescente interesse em diversas regiões do Piemonte, de onde é originária. A área de produção histórica é propriamente Roero, onde, pelo costume de acompanhá-la com a Nebbiolo, a fim de suavizar a aspereza dos tintos, é também chamada de Barolo branco.

Detalhe do quadro Chez le Père Lathuille *(1879), de Edouard Manet.*

AROMA Sensação olfativa que se percebe por meio da via retronasal depois de ter deglutido o vinho. Também designa os perfumes definidos pela presença de substâncias da série aromática (terpenos, principalmente) presentes nas uvas aromáticas (Moscato, Traminer, Brachetto, alguns Malvasa e, em pequenos percentuais, Riesling renana e Müller Thurgau).

AROMÁTICO Vinho rico em substâncias aromáticas presentes nas uvas de base.

ASPRINIO (*branco*) Antiqüíssima videira presente quase exclusivamente na zona de Aversa, onde constitui a base do homônimo vinho DOC.

ATIJOLADO Cor dos tintos bastante envelhecidos, no limiar do processo de madeirização.

AUSTERO Imponente, maduro, com buquê formado e um final longo e ligeiramente amargoso.

BARBERA (*tinto*) Variedade originária de Monferrato e amplamente difundida em todo o Piemonte e na Lombardia. Atualmente vem sendo experimentada, com bons resultados, em outras regiões, também do centro-sul da Itália. Aproximadamente metade do vinho tinto do Piemonte deriva dessa videira, vinificada tanto sozinha (em pureza) como combinada com outras uvas. Os melhores resultados são obtidos no âmbito das denominações clássicas, e entre todas elas se destaca a Barbera d'Alba. Na Lombardia, é uma variedade largamente cultivada, enquanto no Oltrepò Pavese é uma DOC por si mesma.

BARRIQUE Pequeno barril de carvalho francês (Allier, Tronçais, Limousin, Vosge principalmente) com 225 litros de capacidade (228 para as *Pièces* da Borgonha). Destaca-se por ser construído com aduelas curvadas a fogo e, assim, ter a superfície interna com vários níveis de tostamento conforme o tempo de contato com a chama.

BELLONE (*branco*) Típica videira dos Castelli Romani, hoje muito rara. Está presente na região desde o tempo dos antigos romanos e é bastante conhecida também pelo nome de Cacchione.

BIANCAME ou **BIANCHELLO** (*branco*) Similar à Trebbiano e talvez parente da Greco, encontra-se difundida principalmente nas Marcas setentrionais, onde constitui a base do famoso Bianchello del Metauro.

BIANCO D'ALESSANO (*branco*) Videira autóctone da Puglia, difundida principalmente nas zonas de Locorotondo e de Martina Franca, onde participa dos vinhos DOC homônimos.

BIANCOLELLA (*branco*) Produzida hoje quase exclusivamente na ilha de Ísquia, provém quase com certeza da Córsega. Serve de base para o Ísquia branco e para o homônimo Biancolella d'Ischia, vinho branco perfumado muito agradável.

BLANC DE BLANCS Vinho branco, em geral espumante, obtido só de uvas brancas.

BLANC DE MORGEX (*branco*) Típica videira do Vale do Aosta, uma das pouquíssimas que resistiram ao ataque da filoxera. Dela deriva o homônimo vinho branco DOC produzido na porção noroeste da região dos vinhedos, que chegam a alcançar 1.000 metros de altitude acima do nível do mar.

BLAUBURGUNDER Ver **PINOT NERO**.

BLAUFRÄNKISH (*tinto*) Ver **FRANCONIA**.

BOLLICINE Ver **PERLAGE**.

BOMBINO BIANCO (*branco*) Difundida em grande parte da Itália central, da Romanha até a Puglia. Constitui a base de muitos vinhos brancos DOC, do Pagadebit di Romagna até o Leverano e o San Severo.

BOMBINO NERO (*tinto*) É encontrada quase exclusivamente na Puglia, onde é usada na base do Lizzano Rosso DOC.

BONARDA ou **CROATINA** (*tinto*) Variedade de bagos vermelhos típica da região que se estende de Monferrato até os Colli Piacentini e os Colli di Parma, passando pela região do Oltrepò Pavese. Nessas áreas, sozinha ou combinada, está na base de vários vinhos DOC, todos tintos de cor violácea, de boa estrutura e de discreta capacidade de envelhecimento. No Oltrepò recebe também o nome de Croatina.

BONARDA NOVARESE (*tinto*) Ver **UVA RARA**.

BOSCO (*branco*) Presente na base do Cinqueterre DOC e do mítico Sciacchetrà, o raro e precioso *passito* da região. Parece ser uma das poucas videiras autóctones da região da Ligúria.

BOTRIZADO Vinho derivado de uvas afetadas por mofo nobre, ou *Botrytis cinerea*.

BUQUÊ Perfumes que um vinho adquire ao envelhecer, ditos "perfumes terciários".

BOVALE (*tinto*) De origem espanhola, pode ser encontrada hoje na Sardenha centro-meridional, onde está na base do Campidano di Terralba, produzido nas províncias de Oristano e de Cagliari.

BRACHETTO (*tinto*) Videira aromática e de bagos vermelhos, bastante difundida na região de Acqui Terme (Asti). Dela deriva o famoso tinto DOCG Brachetto d'Acqui, doce e muito perfumado, às vezes apresentado em versão espumante ou frisante.

BRILHANTE Vinho de extrema luminosidade na cor.

BRUT Espumante seco, com mínimo acréscimo de *liqueur d'expédition*.

CABERNET FRANC (*tinto*) É uma das videiras mais "internacionais". Originária da região de Bordeaux, onde tem particular difusão na zona de Saint-Emilion, hoje é menos prestigiada do que sua "irmã" Cabernet Sauvignon, mas na Itália, particularmente nas regiões do Nordeste, teve sucesso muito maior do que em outras áreas. No Friuli e no Vêneto, em especial, é na verdade a única Cabernet presente, enquanto no Trentino e principalmente no Alto Ádige tem a companhia freqüente da Cabernet Sauvignon. Dá vida a ótimos tintos, capazes de suportar longo envelhecimento, com inconfundíveis perfumes herbáceos que lembram o pimentão verde, além de uma ampla gama de frutas vermelhas, do murtinho à groselha.

CABERNET SAUVIGNON (*tinto*) É a protagonista da vitivinicultura internacional. Originária da região de Bordeaux, onde está particularmente presente na zona do Haut-Medoc e de Graves, difundiu-se por todo o mundo, nas zonas quentes e temperadas, mantendo as características varietais. Mesmo na Itália é cultivada por toda parte, mas principalmente no Trentino, no Alto Ádige e, nos últimos anos, também na Toscana, Úmbria e Sicília, regiões onde apresentou excepcionais resultados ao constituir a base de vinhos famosíssimos, como o Sassicaia di Bolgheri.

CACCHIONE (*branco*) Ver **BELLONE**.

CALABRESE (*tinto*) Ver **NERO D'AVOLA**.

CANAIOLO (*tinto*) Variedade acessória na base dos Chianti em geral. Confere suavidade e facilidade de beber.

CANAIOLO BIANCO (*branco*) Ver **DRUPEGGIO**.

CANNONAU (*tinto*) Graças a sua capacidade de sobrevivência em climas áridos e pedregosos e a sua produtividade, essa uva originária da Espanha difundiu-se com sucesso em todo o mundo. Garnacha, Grenache Noir, Canonaxo, Alicante e Roussillon são apenas alguns dos sinônimos pelos quais é conhecida. Na Sardenha, seu berço italiano, a uva Cannonau se difundiu por toda parte, e tem direito à denominação DOC. Da videira obtêm-se vinhos riquíssimos em álcool: os *Disciplinari* prevêem 13,5º para o tipo normal e 15º para o de reserva.

CARACTERÍSTICO Vinho no qual é muito pronunciada a proveniência de determinada videira. Termo usado principalmente para identificar alguns tipos de vinhos aromáticos.

CARATO Nome italiano para a *barrique*, atribuído por Luigi Veronelli.

CARIGNANO (*tinto*) Na Itália, sua difusão ficou limitada quase exclusivamente ao sudoeste da Sardenha, particularmente na área de Sulcis, de onde deriva o vinho tinto DOC homônimo. No entanto, é uma videira presente em toda a área mediterrânea ocidental, do Midi francês à região dos Penedès, na Catalunha, onde recebe os nomes de Carignan e Carinena.

CARRICANTE (*branco*) Pode ser encontrada quase somente nas encostas do vulcão Etna, muitas vezes em vinhedos implantados a mais de mil metros de altitude. Está obviamente na base do Etna Bianco, um branco surpreendente, de perfumes complexos e de sabor decidido e aristocrático.

CATARRATTO (*branco*) É a videira mais clássica da área centro-oeste da Sicília, e existe nas versões branca comum e branca brilhante. Junto com a Grillo e a Inzolia, contribui para constituir a base do Marsala e do Alcamo.

CESANESE (*tinto*) Típica videira vermelha do Lácio, ocorre nas zonas de Piglio, Affile e Olevano Romano, entre as províncias de Roma e de Frosinome. Dá origem a vinhos alcoólicos, às vezes doces e frisantes, que devem ser bebidos bem jovens.

CHARDONNAY (*branco*) Originária da região da Borgonha e bastante difundida na área de Champagne, era confundida, no passado, na Itália, com a Pinot Bianco, com a qual tem parentesco distante. Na Itália difundiu-se primeiramente nas Três Venezas e na Lombardia, mas nos últimos anos multiplicaram-se novas plantações em diversos lugares da península.

CHARMAT Trata-se de um método industrial de produção de vinhos espumantes, que consiste em provocar na autoclave a segunda fermentação responsável pela formação da espuma. O processo de engarrafamento é feito sob pressão.

CHIAVENNASCA (*tinto*) Ver **NEBBIOLO**.

CILIEGIOLO (*tinto*) Conhecida também como Ciliegiolo di Spagna (país do qual provavelmente se origina), hoje está presente principalmente nas regiões da Toscana, Úmbria e Lácio, onde participa da base de uma série de vinhos tintos, como o Montecarlo, o Val di Cornia, o Colli del Trasimeno, o Colli Perugini, o Colli Amerini, o Vignanello e o Velletri.

CLONE Grupos de diversas plantas derivadas por multiplicação de uma única planta selecionada.

CODA DI VOLPE (*branco*) Junto com a Greco e a Falanghina, está na base de algumas combinações de uvas brancas da Campânia, nas áreas DOC do Vesúvio, do Taburno e dos Campi Flegrei. Em português, o nome da variedade significa literalmente "cauda de lobo".

COLORINO (*tinto*) Vinhedo de bagos vermelhos ricos em substâncias colorantes. Está presente em pequenos percentuais nas bases do Chianti, do Rosso delle Colline Lucchesi e do Montecarlo Rosso.

CORPO Conjunto de elementos que compõem um vinho: álcool, glicerina e açúcar.

CORTESE (*branco*) Uva originária da província de Alessandria, ainda hoje a região em que se encontra mais difundida. Seu habitat é constituído pelas colinas entre Novi e Tortona. Raramente ultrapassou esses limites, embora na província de Verona existam algumas plantações. Seu verdadeiro berço é Gavi, a ponto de o nome dessa cidadezinha ter sido escolhido como a DOCG, no lugar do nome da uva. O vinho proveniente dessa área está entre os brancos italianos mais conhecidos até fora da Itália. Tem cor pálida com reflexos esverdeados, perfume fino, aristocrático, mas intenso e típico. É muito seco, caracterizado por uma fresca veia de acidez e por notável estrutura.

CORVINA (*tinto*) Na área de Verona é uma verdadeira estrela: participa junto com a Molinara e a Rondinella nas combinações que constituem a base do Bardolino, do Valpolicella, do Recioto Classico e do Amarone, todos produzidos na região compreendida entre a costa vêneta do Lago di Garda e as colinas da Valpolicella ao norte e a nordeste de Verona.

CROATINA (*tinto*) Ver **BONARDA**.

CRU Termo francês que indica um vinhedo específico, ou ainda uma pequena parte dele bem delimitada, em determina zona. As uvas dos *crus* são de qualidade mais apreciada.

CULTIVAR Nome genérico de subespécie de um tipo de videira.

CURTO Vinho pouco persistente, ou seja, que deixa pouco sabor na boca.

CUVÉE É o resultado das operações de corte de vários vinhos de diversas procedências e safras, que costumam constituir – mas não exclusivamente – a base dos espumantes Método Clássico.

DECRÉPITO Vinho caracterizado por excessivo envelhecimento.

DELICADO Vinho que tem as características de harmonia, fineza e valor.

DESARMÔNICO Vinho no qual a carência ou o excesso de certo componente cria acentuado desequilíbrio.

DOCE Mais do que adocicado e do que suave no que se refere ao conteúdo de açúcar.

DOLCETTO (*tinto*) Originária do Piemonte, onde é muito difundida, e da Ligúria, onde recebe o nome de Ormeasco, está entre as variedades mais apreciadas e tradicionais da região. O vinho obtido dessa videira tem bela cor rubiácea, perfumes fragrantes e vinosos. Encorpado na medida certa, tem boa alcoolicidade, é equilibrado no que se refere à acidez e suavidade e revela um característico e agradável retrogosto amargo. Obteve o reconhecimento de DOC em sete áreas do Piemonte, em cada uma das quais exprime diferentes nuanças. Os mais robustos e longevos são os de Alba, de Diano d'Alba e de Dogliani.

DOURADO Cor típica dos brancos encorpados e estruturados, especialmente se maturados em madeira.

DRUPEGGIO (*branco*) Variedade com bagos de cor branca, típica da Itália central e particularmente da Úmbria e do Alto Lácio. Às vezes, também pode receber o nome de Canaiolo Bianco.

ELEGANTE Vinho equilibrado, aristocrático, de categoria.

ENCORPADO Vinho de boa estrutura, rico.

ENXERTO Prática de cultivo que consiste em transplantar para um cepo ou vara de videira um fragmento de outra variedade.

EQUILIBRADO Vinho cujos principais componentes mantêm relação correta entre si.

ERBALUCE (*branco*) Uma das pouquíssimas videiras brancas do Piemonte. Difundida quase exclusivamente na zona de Caluso, Turim, onde serve de base para o homônimo branco e para o Caluso *passito*.

ETÉREO Indício típico dos vinhos envelhecidos, um pouco pungentes e alcoólicos, devido justamente à presença de éteres.

EXTRA BRUT Vinho espumante Método Clássico muito seco.

FALANGHINA (*branco*) Variedade de bagos brancos tradicional nas áreas dos Campi Flegrei, de Sannio de Benevento e do Massico, na Campânia setentrional; recentemente, também na área da península de Sorrento e na Costa Amalfitana. Os vinhos que derivam dela são os brancos de bom corpo e perfumes delicadamente aromáticos.

FAVORITA (*branco*) Variedade de bagos brancos presente em algumas áreas do Piemonte. Na zona de Langhe constitui a base do homônimo vinho branco DOC.

FECCIOSO Rico em sedimentos e por isso pouco límpido. Caracteriza-se pelos odores desagradáveis de hidrogênio sulfurado.

FERMENTAÇÃO ALCOÓLICA Processo por meio do qual os açúcares contidos no suco da uva se transformam em álcool e anidrido carbônico sob a ação dos levedos.

FERMENTAÇÃO MALOLÁCTICA Fermentação secundária que intervém após a primeira, a chamada alcoólica. Consiste na transformação do ácido málico em ácido láctico sob a ação das bactérias lácticas. Determina uma perda de acidez total no vinho e é favorecida principalmente nos vinhos tintos ou nos brancos particularmente encorpados e maturados em madeira.

FERNANDA (*branco*) Ver **CORTESE**.

FIANO (*branco*) Herdeira da antiga Apianum, videira da qual derivam grandes brancos da Antiguidade clássica. Hoje encontra-se difundida principalmente na Irpínia e em pequenas áreas de Molise. Das uvas Fiano puras deriva o Fiano di Avellino DOC.

FINO Elegante nos perfumes e harmônico.

FLORAL Com perfume de flores.

FORASTERA (*branco*) *Péndant* da Biancolella como videira branca de Ísquia. É a base do vinho homônimo e também do branco Ischia.

FRAGRANTE Termo que se refere aos perfumes, indicando um vinho de odores intensos e finos.

FRANCONIA ou **BLAUFRÄNKISH** (*tinto*) Na Itália, existe em algumas áreas do Friuli, embora seja bem mais difundida na Áustria, nas regiões de Wachau e Klosteneuburg. Na Alemanha é também chamada de Limberger.

FRAPPATO (*tinto*) É difundido praticamente apenas na parte centro-meridional da Sicília. Desta uva deriva o famoso Cerasuolo ou Frappato di Vittoria, um tinto alcoólico e suave.

FREISA (*tinto*) Entre as uvas vermelhas do Piemonte é talvez a menos pretensiosa. Dela obtêm-se tintos leves e às vezes frisantes, pouco adequados ao envelhecimento. Entre os vinhos DOC derivados estão o Freisa d'Asti e o Freisa di Chieri.

FRESCOR Num perfume, refere-se a indícios de fruta e de cítricos; no gosto, indica uma agradável e jovem acidez.

FRUTADO Sensação típica dos vinhos jovens, com perfumes e sabores de fruta fresca.

GAGLIOPPO (*tinto*) Difundida em Abruzzo, Campânia e Úmbria, essa videira provavelmente tem origem grega e é a variedade vermelha mais cultivada na Calábria. O Cirò, herdeiro do grego Krimisa, é o derivado mais famoso, mas vale conferir o Donnici, o Lamezia, o Melissa e o Savuto.

GAMAY (*tinto*) Videira de origem francesa, constitui a base ampelográfica de um dos vinhos mais famosos da região além dos Alpes, o Beaujolais. Seu cultivar mais conhecido é a chamada Gamay Noir. Robusta variedade que floresce, frutifica e matura precocemente, pode ser cultivada em regiões frias, como a do Vale do Aosta.

GARGANEGA (*branco*) Variedade de bagos brancos difundida na área oriental de Verona e partes de Vicenza. Base da produção do Soave e do Gambelara.

GEWÜRZTRAMINER (*branco*) Ver **TRAMINER**.

GIRÒ (*branco*) Não deve ser confundida com o vinho Cirò produzido na Calábria. Girò é uma videira vermelha típica de Cagliari. Dela deriva o homônimo vinho DOC, um tinto que pode ter versão licorosa.

GORDO Vinho rico em substâncias extrativas. Esta sensação é também tátil e se refere à densidade do vinho.

GOUDRON Literalmente "alcatrão". É uma sensação típica do perfume dos grandes tintos envelhecidos. Constitui um dos componentes do buquê.

Acima, equipamento da década de 1950. Na página oposta, dois antigos utensílios manuais.

GRECANICO (*branco*) Está presente em quase toda a Sicília ocidental e central. Constitui a base dos homônimos vinhos DOC Menfi, Santa Margherita del Belice e Contessa Entellina.

GRECHETTO (*branco*) O nome ("greguinha") refere-se a uma videira difundida sobretudo na Úmbria e no Lácio. Pode ser encontrada nas bases do Torgiano branco e do Orvietto.

GRECO (*branco*) O nome ("grega") descreve com clareza a origem dessa videira branca difundida na Campânia e na Calábria, regiões que antigamente faziam parte da chamada Magna Grécia. Os vinhos dela extraídos no passado, o Falerno branco e o Amineum, estavam entre os mais apreciados da época. A variedade da Campânia leva o nome da cidade de Tufo, e é um vinho DOC. Em baixas quantidades, a uva está presente ainda na base de vinhos como o Lacryma Christi del Vesuvio, o Frascati ou o Torre Quarto, da Puglia. Da variedade calabresa (difundida sobretudo nas cidades de Bianco, que dá nome à DOC, e de Gerace) obtém-se um dos melhores vinhos de sobremesa italianos. Das uvas Greco deriva o Cirò Bianco.

GRENÁ Cor típica dos grandes vinhos tintos envelhecidos.

GRIGNOLINO (*tinto*) Videira particularíssima, rica em taninos e pobre em substâncias colorantes. Ocorre quase exclusivamente no Monferrato e na região de Asti, áreas das quais provêm os homônimos DOC.

GRILLO (*branco*) Muito difundida nas regiões de Marsala e de Alcamo, na Sicília ocidental, onde constitui a base dos respectivos vinhos DOC.

GROPPELLO Variedade de bagos brancos presente quase exclusivamente na região do Garda que corresponde à Brescia, onde constitui a base de todos os vinhos tintos e rosados, incluindo o homônimo Gropello del Garda Bresciano.

GRÜNER VELTLINER (*branco*) Ver **VELTLINER**.

GUARNACCIA Videira que pode ser encontrada quase exclusivamente na província de Nápoles. Está presente na base do vinho Ischia Rosso DOC.

HARMÔNICO Um vinho é definido como harmônico quando seus componentes estão em agradável proporção entre si e atingem a harmonia com a maturação correta.

HERBÁCEO Sensação vegetal típica de videiras como a Cabernet e a Merlot. Pode ser percebida nos vinhos jovens e nos obtidos com uvas não perfeitamente maturadas.

INTENSO Na cor, indica uma tonalidade; no perfume, a amplitude de sensações; no gosto, a pemanência.

INZOLIA (*branco*) Depois da Trebbiano e da Catarratto, a Inzolia, também chamada de Ansonica, é há tempos a variedade mais difundida na Sicília, sua terra de origem. Está também na base do célebre Marsala.

JOVEM Vinho que ainda não está pronto.

KERNER (*branco*) Videira de bagos brancos resultante do cruzamento da Riesling renana com a Schiava. Na Itália está presente quase exclusivamente no Alto Ádige, mas também é encontrada com facilidade nas regiões alemãs do Rheinessen e Rheingau e até em alguns vinhedos do sul da Inglaterra.

LAGREIN (*tinto*) Cultivada em torno de Bolzano, dá origem a uma uva riquíssima em substâncias colorantes. Dela deriva um vinho de cor violácea e com perfumes de amora e de murta, o Lagrein Dunkel. Nos últimos anos, graças a técnicas mais modernas de cultivo e de vinificação, alguns Lagrein do Alto Ádige alcançaram excelentes níveis de qualidade. Existe também uma versão rosê, o Lagrein Kretzer, resultado de uma vinificação em branco das uvas Lagrein.

LAMBRUSCO (*tinto*) Videira há muito tempo difundida em toda a planície da Emília, onde os vinhedos de Lambrusco se estendem da periferia ocidental de Bolonha até o extremo da província de Parma. Pode ser encontrada também na região baixa de Mântua e até em algumas áreas de Trento, onde é utilizada principalmente na produção de vinhos novos. A história dessa videira perde-se no tempo, mas há relatos sobre uma uva lambrusca já conhecida no período dos etruscos. Atualmente a família do Lambrusco conta com cerca de 60 subvariedades. As mais importantes são a Lambrusco Salamino, a Lambrusco Marani, a Lambrusco Maestri e a Lambrusco di Sorbara, esta provavelmente a mais famosa e difundida de todas. Dessas variedades derivam as quatro principais DOC de Lambrusco atualmente produzidas na Emília: a de Sorbara, a Grasparossa di Castelvetro, a Salamino di Santacroce e a Reggiano, esta última obtida a partir de um *blend* dos diversos cultivares.

LEVE Vinho de baixa gradação alcoólica, mas equilibrado e agradável.

LEVEDO Microrganismos responsáveis pela fermentação alcoólica.

LICOROSO Vinho que por sua gradação alcoólica, estrutura e doçura se assemelha a um licor. Deve receber acréscimo de álcool ou apresentar mais de 15° alcoolométricos.

LÍMPIDO Vinho livre da presença de suspensões e veladuras.

LIMPO Perfume ou gosto franco e sem defeitos

LIQUEUR D'EXPEDITION Em português, "xarope de dosagem". É o produto acrescentado ao espumante Método Clássico na vertedura, para conferir um gosto particular. Compõe-se de sacarose, mosto ou destilado.

LIQUEUR DE TIRAGE Em português, "xarope açucarado". É acrescentado ao lote do vinho-base para espumante, a fim de provocar a formação da característica espuma. Compõe-se, conforme o regulamento do Instituto Italiano do Espumante, por levedos, sacarose e vinho-base da *cuvée*.

MADURO Vinho que atingiu o estágio ótimo de maturação, seja jovem ou envelhecido.

MAGNUM Garrafa própria para o vinho espumante Método Clássico com capacidade de 1,5 litro.

MAGRO Vinho fraco, pobre de corpo e de substâncias extrativas.

MALVASIA (*branco e tinto*) Ao lado da Moscato, é uma das uvas de história mais antiga. Na Antiga Grécia, aonde chegou vinda da Ásia Menor, tomou emprestado o nome do porto de Monenvasia. As principais Malvasias italianas são a de Ístria, difundida no Friuli Venezia Giulia e que dá um vinho de boa alcoolicidade, rico e pleno, levemente aromático, muito fino; a do Lácio, intensa e elegante, que participa da base dos brancos locais e quase nunca é vinificada sozinha; a de Candia, difundida no Lácio e na Campânia; e a do Chianti, delicada e perfumada, que também participa das combinações de base. Nas ilhas Lipari, essa uva triunfa e tem papel principal na obtenção de um dos grandes vinhos de sobremesa italianos. A variedade preta, por sua vez, é difundida no Piemonte (recebe a denominação DOC em Casorzo e Castelnuovo), no Alto Ádige (onde é DOC) e na Puglia, onde faz parte da base de numerosos tintos e rosês. Na Sardenha, integra desde espumantes a licorosos, mais ou menos secos e de bom nível.

MARZEMINO (*tinto*) Lembrada por Lorenzo da Ponte, libretista da ópera *Don Giovanni*, de Mozart, é cultivada quase exclusivamente no Trento, principalmente na área de Isera, perto de Rovereto, e em algumas partes da Lombardia oriental, nas províncias de Bergamo e Brescia. O vinho derivado é um tinto violáceo de perfumes bem herbáceos e meio encorpado.

MERLOT (*tinto*) Também a Merlot é originária da região de Bordeaux, onde percentualmente encontra-se mais difundida do que a Cabernet. Ocorre em toda a subzona do Pomerol. Foi a primeira videira francesa a ser implantada em larga escala na Itália após a epidemia da filoxera. Difundiu-se especialmente no Vêneto, no Friuli e na região de Trento, e posteriormente também na Lombardia, no Lácio e na Campânia, chegando depois à Toscana e à Úmbria.

MÉTODO CLÁSSICO Método de produção de espumante absolutamente manual. Cada garrafa é "tocada" pelas mãos do homem cerca de cem vezes antes de ficar pronta para o consumo.

MOLINARA (*tinto*) Seu nome deriva do fato de que os ácinos, recobertos de geada, pareciam literalmente enfarinhados. Atualmente pode ser encontrada quase exclusivamente na província de Verona, onde participa da base dos vinhos Bardolino, Valpolicella, Amarone e Recioto Classico.

MONICA (*tinto*) Típica variedade vermelha da região de Cagliaritano. Dela derivam vinhos tintos doces, às vezes também licorosos, e frisantes.

MONTEPULCIANO (*tinto*) Depois da Sangiovese, a videira Montepulciano d'Abruzzo é uma das variedades autóctones mais difundidas. De origem toscana, no passado foi confundida com a Sangiovese, com a qual mantém parentesco bastante estreito. Já com o Vino Nobile di Montepulciano existe um parentesco apenas no sentido literal, pois este último é obtido de uvas totalmente diferentes. Em Abruzzo, ocupa posição privilegiada: é a uva mais cultivada na região, e se produzem dela mais de 200 mil hectolitros, que compreendem tanto a versão tinto como a rosê do Cerasuolo. É plantada com sucesso também na Emília, nas Marcas (onde se exprime com grande elegância no Rosso Conero), no Lácio, em Molise e na região da Puglia.

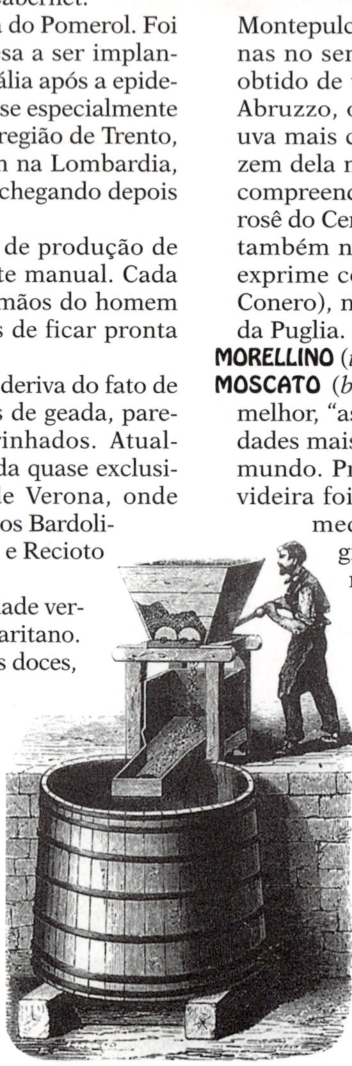

MORELLINO (*tinto*) Ver **SANGIOVESE**.

MOSCATO (*branco e tinto*) A Moscato, ou melhor, "as" Moscato estão entre as variedades mais antigas e cultivadas em todo o mundo. Proveniente da Ásia Menor, essa videira foi disseminada por toda a bacia mediterrânea pelos marinheiros gregos e fenícios. Naturalmente, no curso de milênios, a espécie evoluiu e se diferenciou, adaptando-se a climas e terrenos muito diversos. Tem-se assim, no âmbito dessa grande família, a Moscato de ácino pequeno, que dá vida a numerosas variantes, como a Moscato di Canelli, a Moscato di Frontignan, a Moscatello Bianco, a Moscatel Menudo, a Muskateller, a Brown Muscat e muitas outras. Da Moscato di Alessandria derivam a Muscat Roumain, a Moscatel de Málaga, a italiana Zibibbo e outras, sem deixar de mencionar a Moscato d'Amburgo, uma variedade de ácinos pretos muito difundida. Na península Itálica é cultivada principalmente nas colinas do Piemonte e no Oltrepò Pavese, mas em pequenas quantidades (no que diz respeito à produção de uvas para vinho) está presente em toda a Itália. Do espumante e inconfundivelmente aromático Asti aos vinhos dourados e licorosos da Puglia e das ilhas, passando pelos Golden e Rosen Muskateller do Alto Ádige e descendo até Pantelleria, verifica-se um grande florescer das Moscato, testemunhando as grandes possibilidades desta uva e o sucesso que obtém em cada uma de suas versões.

MOSTO Produto extraído da pisadura da uva fresca, com gradação alcoólica não inferior a 8°.

MÜLLER THURGAU (*branco*) Trata-se do cruzamento de Riesling e Sylvaner. Difundida em todo o mundo, foi criada em 1882 na Alemanha, na estação enológica de Geisenheim, pelo professor Hermann Müller, natural de Thurgau, na Suíça – daí o nome da variedade. Na Itália é pouco comum: há apenas algumas dezenas de hectares plantados na Lombardia, no Vêneto e no Friuli. As produções mais prestigiadas provêm do Vale do Isarco, no Alto Ádige, e do Vale de Cembra, na região de Trento. As melhores Müller Thurgau precisam de vinhedos com ótima insolação, situados em altitudes elevadas e com clima, de preferência, frio.

NASCO (*branco*) Videira autóctone da Sardenha, difundida principalmente na região de Cagliari e particularmente na área de Campidano. Derivam dela vinhos brancos doces, às vezes licorosos.

NEBBIOLO (*tinto*) O nome desta uva evoca as neblinas que aparecem em outubro nos vales do Alba e envolvem a área de Langa; é justamente nesta zona do Piemonte que a Nebbiolo reina inconteste sobre todas as outras videiras. O fato de o Barolo e o Barbaresco estarem entre os grandes vinhos da Itália se deve ao perfeito casamento dessa terra com uma uva que, transferida para outro lugar, perde seu fascínio austero e aristocrático e se expressa em produtos de menor envergadura. As subvariedades mais difundidas são Lampia e Michet (em Langa), Spanna (em Vercell e Novara) e Chiavennasca (em Valtellina). Os vinhos DOCG e DOC obtidos apenas de uvas Nebbiolo, além dos já citados Barolo e Barbaresco, são o Roero, o Gattinara, o Spanna, o Carema, o Nebbiolo d'Alba e, na Lombardia, os vinhos da região de Valtellina. A Nebbiolo participa ainda da composição de muitos outros tintos lombardos e piemonteses.

NEGRARA (*tinto*) Típica videira de bagos vermelhos de Valpolicella. O nome deriva da cidadezinha de Negrar, uma das mais conhecidas da região.

NEGROAMARO (*tinto*) Cerca de 80% dos tintos e rosados da Puglia têm em sua composição um notável percentual de Negroamaro. Essa uva, provavelmente introduzida no arco jônico pelos gregos, encontra sua maior difusão em Lecce, Brindisi e na província de Taranto. Alezio, Brindisi, Copertino, Leverano, Matino, Nardò, Cerignola, Squinzano e Salice Salentino consistem nos principais DOC regionais, nos quais a Negroamaro desempenha papel determinante.

NERELLO (*tinto*) Existe nas subvariedades Mantellato, Mascalese e Cappuccio, e é encontrada quase exclusivamente na parte oriental da Sicília. Está na base do Faro e do Etna Rosso, ambos DOC.

NERO D'AVOLA (*tinto*) Conhecida também como Calabrese, é a melhor videira vermelha da Sicília e também a mais difundida. Costuma ser cultivada em árvore ou em espaldeira e produz uma uva de alta gradação de açúcar, o que lhe permite chegar com facilidade a mais de 15° alcoólicos. O vinho extraído dela tem sabores e perfumes intensos e particulares, mas revela-se carente de acidez. Por esse motivo, é quase sempre empregada combinada a outras uvas, para conferir corpo e o típico aroma de marasca. A Nero d'Avola entra na composição do Cerasuolo di Vittoria e de diversos outros vinhos DOC, entre os quais alguns tipos de Marsala. É um dos componentes da base dos tintos de mesa sicilianos mais conhecidos.

NOSIOLA (*branco*) Variedade branca autóctone da região de Trento, atualmente muito rara. Dá origem a vinhos brancos frutados com um particular retrogosto amargoso.

NURAGUS (*branco*) Presente na Sardenha há milênios, para onde foi levada provavelmente por marinheiros fenícios. Difundida esparsamente por toda a parte na região, junto com o Vermentino constitui o ingrediente principal de vinhos frutados e leves, equilibrados e freqüentemente frisantes, dos quais a ilha é grande produtora. Os quase 15 mil hectolitros de produção anual colocam o Nuragus di Cagliari no segundo lugar da classificação dos DOC sardos, atrás do Vermentino di Sardegna.

ORMEASCO (*tinto*) Ver **DOLCETTO**.

ORTRUGO (*branco*) Originária da região do Oltrepò Pavese e dos Colli Piacentini, essa videira de bagos brancos participa das uvagens do Trebbianino Val Trebbia, do Monterosso Val d'Arda e do Val Nure, e é vinificada pura no Colli Piacentini Ortrugo.

OTTAVIANELLO (*tinto*) O nome deriva do local de nascimento do imperador Otaviano, na província de Nápoles. Atualmente, no entanto, a vinha é cultivada quase exclusivamente na Puglia, onde desfruta a honra de DOC específica no Ostuni Ottavianello, produzido na província de Brindisi.

OXIDADO Vinho que, por causa do contato com o ar, perdeu frescor, apresentando cor mais escura do que o normal e tendendo à madeirização.

PALHA Cor amarela típica de alguns brancos.

PAMPANUTO (*branco*) Muito similar à Bianco d'Alessano, está na composição do Castel del Monte Bianco, produzido numa vasta área da província de Bari.

PAS DOSÉ ou **NATURE** É o espumante mais seco de todos, ao qual não foi acrescentado o "xarope de dosagem" após a vertedura; neste caso, a garrafa é completada com o mesmo produto.

PASCALE DI CAGLIARI (*tinto*) Videira de bagos vermelhos presente sobretudo na região de produção do Campidano di Terralba, entre as províncias de Oristano e Cagliari.

PASSITO Vinho obtido a partir de uvas "passificadas", desidratadas ao relento ou em área coberta. Destaca-se pelo elevado conteúdo alcoólico e de açúcar.

PASTOSO Vinho rico em açúcares, estrato e glicerina.

PECORINO (*branco*) Difundida em grande parte da Itália central, está presente particularmente na região de Osimo, nas Marcas centrais, e em boa parte da Úmbria.

PENETRANTE Odor agudo e às vezes desagradável provocado por substâncias voláteis (acetato de etila) ou por componentes gasosos (anidrido carbônico).

PER' 'E PALUMMO (*tinto*) ver **PIEDIROSSO**.

PERFUMADO Vinho que propicia sensações aromáticas muito agradáveis.

PERLAGE A "pequena fonte" de borbulhas de anidrido carbônico que se forma nas taças preenchidas de espumante. Quanto mais finas e contínuas as borbulhas, melhor a qualidade do espumante.

PERMANÊNCIA Duração das sensações gusto-olfativas produzidas por um vinho. É diretamente proporcional à qualidade.

PERRICONE ou **PIGNATELLO** (*tinto*) Variedade de bagos vermelhos presente em toda a Sicília, onde, no entanto, recebe diversos nomes. Participa da base do Marsala Rubino e do Eloro Rosso.

PESADO Vinho excessivamente encorpado.

PETIT ROUGE (*tinto*) Típica videira da parte centro-ocidental do Vale do Aosta. Dela derivam os vinhos Enfer d'Arvier e Torrete, além do Valle d'Aosta Petit Rouge.

PICOLIT (*branco*) Videira rara presente principalmente na área dos Colli Orientali de Friuli e, em menor proporção, no Collio Goriziano. Sofre da doença do aborto floral e, portanto, apenas poucos ácinos por cacho conseguem atingir a maturação completa. O vinho homônimo dela derivado é um branco delicadamente doce, agradável e de boa concentração.

PIEDIROSSO ou **PER' 'E PALUMMO** (*tinto*) Típica variedade vermelha da Campânia. Pode ser encontrada em toda a região do Sannio Beneventano, de Solopaca e também da ilha de Ísquia.

PIGATO (*branco*) Variedade de bagos brancos difundida principalmente na região da Riviera de Ponente, na Ligúria, especialmente na cidade de Albenga.

PIGNATELLO (*tinto*) Ver **PERRICONE**.

PIGNOLETTO (*branco*) Existe quase exclusivamente na região dos Colli de Bologna, na cidade de Zola Predosa e poucas outras áreas limítrofes. Constitui a base de um branco leve DOC, às vezes produzido também como frisante: o Grechetto di Todi.

PIGNOLO (*tinto*) Rara variedade vermelha, bem típica de algumas subzonas dos Colli Orientali do Friuli e particularmente na área de Buttrio. Dela derivam vinhos tintos de grande classe e estrutura.

PINOT BIANCO (*branco*) Durante décadas, esta videira foi confundida com a Chardonnay (com a qual partilha muitas características), a tal ponto que até há cerca de 15 anos era identificada na Itália como Pinot-Chardonnay. Os italianos a cultivam na Lombardia, no Vêneto, no Friuli e no Trentino Alto Ádige. No século XVIII, os Lorena, grão-duques da Toscana, estimularam sua difusão pela região. Atualmente pode ser encontrada no DOC Pomino, mas também está bastante difundida como vinho de mesa de prestígio. As uvas Pinot Bianco mais apreciadas são, no entanto, as provenientes das regiões de maior vocação do Friuli e do Alto Ádige. Adequadíssima para a espumantização, pode ser encontrada também nas *cuvée* dos espumantes mais apreciados, como os do Friuli, Trentino e Franciacorta.

PINOT GRIGIO Esta videira (uma mutação genética da Pinot Nero e, portanto, de cor vermelho-cobre, embora esteja invariavelmente na composição de vinhos brancos) não tem as credenciais de sua nobre rival, a Pinot Bianco, nem a tipicidade, digamos, de uma Tocai. Mesmo assim, impôs ao grande público outro estilo de beber. Os brancos frutados e perfumados, agraciados mas não privados de certa estrutura, nasceram na sua esteira. No Collio e nos Colli Orientali do Friuli expressa-se com grande riqueza de matéria e, no Alto Ádige, a maior acidez a torna mais longeva. É na Toscana, porém, que tem dado os melhores resultados nos últimos tempos.

PINOT NERO (*tinto*) É considerada a videira vermelha mais aristocrática e difícil de interpretar. Sua origem é na Borgonha, onde

está na base dos maiores e mais famosos vinhos da região. Em Champagne, é cultivada principalmente na montanha de Reims e em cidades como Bouzy, Ambonnay e Verzenay. Fora da Europa, particularmente nos Estados Unidos, suas terras de adoção são o Oregon e a região de Monterey e do condado de Santa Bárbara, na Califórnia. Na Itália, existem essencialmente duas tipologias: uma, adequada para vinificação em branco; outra, perfeita para originar um vinho tinto. Do primeiro tipo, muito difundido no Vêneto, no Friuli e particularmente no Oltrepò Pavese, obtém-se um branco bastante neutro, ótimo, no entanto, quando utilizado como base para a produção de espumante. A história é bem diferente para a segunda Pinot Nero. Tratase, na verdade, de uma videira muito delicada, o que faz com que mesmo um vinhedo situado em ótima posição fique particularmente sujeito às vicissitudes da safra. Esta Pinot Nero é muito difundida no Trentino e no Alto Ádige (onde assume a denominação Blauburgunder), na Lombardia, principalmente no Oltrepò, e também na Franciacorta, no Vêneto e no Friuli. Recentemente, apresentou resultados encorajadores também na Toscana.

PLENO Vinho encorpado e com estrutura, bem equilibrado.

PRIMITIVO (*tinto*) Os viticultores californianos torceram o nariz, mas já está provado que seu Zinfandel nada mais é do que uma versão norte-americana da Primitivo, uma videira ainda difundida no Salento e em algumas partes da Campânia. Dela derivam, com toda a probabilidade, o antigo Falerno, que, por sua vez, deu origem ao Primitivo di Manduria.

PRONTO Vinho adequado para o consumo sem necessidade de envelhecimento.

PROSECCO (*branco*) Sua origem não é certa. Provavelmente provém da Venezia Giulia ou de áreas orientais mais distantes. Difundida no Vêneto e em especial nas áreas de colinas da província de Treviso, é cultivada menos intensamente na província de Pádua. O vinho que dela se obtém é de cor amarelo-palha, com típicos perfumes de maçã, amêndoa ou glicínia. Tem sabor delicado e levemente aromatizado, pouco estruturado. As versões mais apreciadas de Prosecco, DOC na área de Conegliano-Valdobbiadene, são aquelas frisantes, de cor mais clara, de perfumes e gosto finos e delicados, ideais como aperitivo. Na cidade de San Pietro di Barbozza, na colina de Cartizze, cresce uma uva mais açucarada, da qual se obtêm espumantes suaves particularmente apreciados. Nesse caso, traz no rótulo os dizeres "Superiore di Cartizze" ou simplesmente "Cartizze".

PRUGNOLO GENTILE (*tinto*) É a videira de Montepulciano e dela provêm tanto o Vino Nobile di Monepulciano como o Rosso de Montepulciano. É parente próxima da Sangiovese Grosso.

PUPITRE Cavalete de madeira com orifícios onde as garrafas de espumante Método Clássico terminam sua maturação, dispostas de cabeça para baixo.

PÚRPURA Cor dos tintos leves e jovens, principalmente quando novos.

QUENTE Vinho rico em álcool e glicerina, que transmite certo calor.

RABOSO (*tinto*) Existe em dois tipos: Raboso del Piave e Raboso Veronese, ambas difundidas principalmente na área de Trevi-

giano. Juntas constituem a base do Piave Raboso, enquanto a Veronese participa da composição do Colli Euganei Rosso, produzido na província de Pádua.

REDONDO Vinho suave pelo conteúdo de açúcares, de moderada acidez e encorpado.

REDUZIDO Indício típico dos vinhos longamente envelhecidos em ambiente pobre em oxigênio (como a garrafa), mas que tende a se atenuar com o contato da bebida com o ar.

REFOSCO DAL PEDUNCOLO ROSSO (*tinto*) Entre as mais típicas videiras do Friuli, está presente sobretudo nas áreas de colina do Collio, dos Colli Orientali do Friuli e nas partes de planície de Grave e Isonzo. No Carso, ganha o nome de Terrano; na Romanha, constitui a base do Cagnina, um tinto doce muito famoso na região.

RETROGOSTO Conjunto das sensações percebidas após a deglutição do vinho.

RIBOLLA GIALLA (*branco*) É uma das videiras históricas do Friuli: sua presença na região remonta ao final da Idade Média. Está na base de brancos leves e florais, de modesta estrutura, interessantes especialmente na região do Collio.

RIBOLLA NERA (*tinto*) Ver **SCHIOPPETTINO**.

RIESLING (*branco*) Em nível mundial é considerada, junto com a Chardonnay, a mais nobre das videiras brancas. Dessa variedade existem dois tipos fundamentais: a Riesling renana (Rheinriesling) e a Riesling itálica (Welschriesling). A primeira, proveniente dos vales do Reno e do Mosela, mas presente também na Áustria, é certamente a mais apreciada e dela derivam grandes vinhos, capazes de longo envelhecimento, às vezes também em versões doces, resultantes de vindimas tardias ou de uvas geladas (Eiswein). Na Itália, existem os dois tipos, embora sejam muitas vezes confundidos. A Riesling é cultivada principalmente no Norte. No Oltrepò Pavese é muito difundido o tipo itálico, do qual se obtêm vinhos leves e fragrantes e, sobretudo, espumantes; a renana espalha-se por outras províncias lombardas, pelo Vêneto (particularmente em Treviso), pelo Friuli e, em especial, pelo Trentino Alto Adige.

ROBUSTO Vinho rico em álcool, estruturado.

RONDINELLA (*tinto*) Famosa videira de bagos vermelhos da região de Verona, participa das bases do Bardolino, do Valpolicella, do Amarone e do Recioto Classico.

ROSSESE (*tinto*) Típica videira vermelha da riviera lígure de Ponente, encontra sua máxima expressão na região de Dolceacqua, em Sanremo. Está na base de dois vinhos DOC: o Rossese della Riviera Ligure di Ponente e o Rossese di Dolceacqua.

RUBINO O mesmo que rubiáceo, cor típica dos vinhos tintos jovens.

RUCHÉ (*tinto*) Encontrada quase exclusivamente em algumas partes do Astigiano. Constitui a base do vinho DOC Ruché di Castagnole Monferrato, um tinto seco levemente aromático.

RULÄNDER Ver **PINOT GRIGIO**.

SAFRA O ano de colheita do qual deriva determinado vinho. Outros termos sinônimos são milésimo, *vintage*, colheita, *vendange*, *vendemmia*.

SAGRANTINO (*tinto*) Presente quase exclusivamente na região de Montefalco, na província de Perugia, está na base de um grande tinto homônimo, o Sagrantino di Montefalco, há anos qualificado como DOCG.

Tânico e potente, o Sagrantino é uma das novas estrelas entre os vinhos italianos.

SANGIOVESE (*tinto*) Uma das videiras mais difundidas na Itália, é cultivada desde a Emília-Romanha até a Campânia e, no que se refere à quantidade produzida de vinho, compete com a Barbera. Chianti, Sangiovese di Romagna, Brunello di Montalcino, Morellino di Scansano são apenas alguns dos vinhos obtidos, pelo menos em parte, desta uva. Não se pode falar de uma só Sangiovese, pois, devido à sua enorme difusão, no decorrer dos séculos acabou diferenciando-se em numerosas variedades (clones). Também o vinho obtido dela, apesar de algumas constantes, pode variar do tinto econômico de pouca ou nenhuma distinção aos cumes de qualidade de um Brunello di Montalcino.

SANGIOVESE GROSSO (*tinto*) Ver **SANGIOVESE**.

SAUVIGNON (*branco*) É uma videira da moda, considerada emergente entre as variedades "internacionais", uma vez que dá origem a vinhos de renome mundial. Originária da França, mais precisamente das regiões de Bordeaux e do Loire, compõe a base de vinhos como os Graves, os Pouilly Fumé e os Sancerre. Fora da Europa, vem conquistando grande sucesso na Califórnia e principalmente na Nova Zelândia. É cultivada há mais de um século na Itália, onde foi introduzida de início nas províncias de Parma e Piacenza. Em seguida, disseminou-se no Vêneto e principalmente no Friuli, nas regiões de Collio, Aquileia, Isonzo, Grave e Colli Orientali.

SCHIAVA (*tinto*) Constitui há muito tempo a uva vermelha mais difundida no Alto Ádige. O nome parece sugerir uma origem eslava, ou então talvez remeta a um antigo sistema de cultivo no qual era ligada a uma árvore com função de "tutor vivo", cabendo a ela a função de "escrava" (em italiano, *schiava*). Como nos países de língua alemã é conhecida como *trollinger*, que supostamente poderia ser uma corruptela de *tirolinger*, não se deve descartar a hipótese de que se trate de uma variedade autóctone do sul do Tirol. Existem diversos clones de Schiava (Vernatsch, no Alto Ádige), das quais a Schiava Grossa (Grossvernatsch) é a mais difundida. Entra na composição de quase todos os vinhos tintos da região e é vinificada com pureza nos DOC Lago di Caldaro, Alto Adige Schiava e Santa Maddalena.

SCHIOPPETTINO (*tinto*) Também chamado de Ribolla Nera. É uma videira vermelha presente quase exclusivamente na região dos Colli Orientali, do Friuli. Dela derivam vinhos estruturados, com bom comportamento no envelhecimento.

SECO Vinho desprovido de açúcares.

SPANNA (*tinto*) Ver **NEBBIOLO**.

SPÄTBURGUNDER (*tinto*) Ver **PINOT NERO**.

SPEZIATO Vinho com perfumes que lembram especiarias.

SUAVE Vinho equilibrado e com certo caráter rotundo devido à abundância de álcool e glicerina.

SYLVANER (*branco*) Variedade de uva de bagos brancos difundida na Alsácia, onde constitui geralmente a base mais simples e econômica da pirâmide da qualidade. Na Itália é cultivada com algum sucesso no Alto Ádige, onde origina brancos simples e levemente frutados.

SYRAH (*tinto*) A Syrah (ou Shiraz, que não deve ser confundida com a Petit Syrah, com a qual não tem qualquer grau de parentesco) é uma das mais nobres e apreciadas variedades de uva de bagos pretos – opinião que os ampelógrafos compartilham com aficionados do mundo inteiro. Sua terra de adoção é a região do Ródano francês, onde dá vinhos de elegância inimitável (Côte-Rôtie, Cornas e Hermitage). Por constância e coerência de resultados, obtidos de modo surpreendente, seu segundo lar é a Austrália, que se revelou uma terra apropriada para essa variedade. Alguns vinhos toscanos à base dessas uvas estão em condições de competir internacionalmente.

TALENTO É o nome escolhido pelo Instituto Italiano do Espumante para definir os vinhos produzidos por empresas afiliadas, que têm como norma o respeito ao método clássico da fermentação em garrafa.

TÂNICO Vinho adstringente, excessivamente rico em tanino.

TANINO Substância cedida ao vinho pela casca da uva. Principalmente nos tintos, é importante para conservar a bebida e sua cor. No que se refere ao gosto, confere uma sensação adstringente e rude, que se atenua com o envelhecimento.

TAZZELENGHE ou **TACELENGHE** (*tinto*) Raríssima uva vermelha da região dos Colli Orientali, do Friuli, cultivada particularmente nas áreas de Buttrio e Manzano. O vinho que dela deriva revela acidez acentuada – o nome Tazzelenghe, no dialeto friuliano, significa "corta-língua", o que indica a sensação da bebida na boca.

TÊNUE De cor ou perfume leve ou esfumado.

TEROLDEGO (*tinto*) A Teroldego, uva preta de Trento similar à Lagrein, faz parte daquele numeroso grupo de videiras italianas injustamente subestimadas durante décadas. No entanto, trata-se de uma uva extraordinária, cujas qualidades emergiram em todo seu esplendor quando alguns produtores deixaram de produzi-la em grandes lotes. Cultivada com mais apuro, revelou suas características de estrutura, potência e de discreta fineza.

TERRANO (*tinto*) Ver **REFOSCO DAL PEDUNCOLO ROSSO**.

TERROIR O conjunto de território, videira e técnicas tradicionais de vinificação que definem o caráter único de determinado vinho.

TOCAI (*branco*) Alguns acreditam erroneamente que seja de procedência húngara, pois a Hungria produz há séculos o célebre vinho Tokaj – que, no entanto, deriva de uvas totalmente diversas e que nada têm a ver com o vinho Tocai friuliano. Na Alsácia, Tokay é sinônimo de Pinot Grigio, outra uva muita difundida no Friuli, e isso só serve para alimentar ainda mais os equívocos. Na realidade, a Tocai é uma variedade autóctone, e também a uva branca mais disseminada no Vêneto, embora os solos e o clima do Collio Goriziano formem seu hábitat ideal. É cultivada em todo o Friuli, na região de Verona e também na Lombardia.

TORBATO (*branco*) Pertence provavelmente à família da Malvasia. Tem presença exclusiva na região de Alghero, na província de Sassari, base do homônimo branco DOC.

TRAMINER (*branco*) Videira supostamente originária da região de Tramin (Termeno), pequena cidade do Alto Ádige, embora os ampelógrafos franceses defendam que ela provém de Jura, como subvariedade da Savagnin local. Existem duas espécies: a Traminer e a Traminer aromática, esta última mais conhecida como Gewürztraminer, que literalmente significa "vinho aromático (ou de especiarias) de Termeno". A diferença entre as duas, na verdade, está no próprio "conteúdo" dos aromas. A videira é cultivada principalmente no Alto Ádige, em menor escala no Trentino e mais raramente no Vêneto e no Friuli.

TRANQÜILO Vinho que terminou a fermentação e não apresenta traços de anidrido carbônico.

TREBBIANO (*branco*) Conhecida desde a Roma Antiga com o nome de *trebulanum*, a Trebbiano é a videira que produz a maior quantidade de vinho do mundo. A origem dessa uva é indiscutivelmente italiana, mas quanto à região de procedência paira uma grande incerteza, devido à abundância de localidades geográficas que fazem referência à espécie. Conhecida na França como Ugni Blanc, é a base ideal para a destilação do conhaque, do armanhaque e dos bons *brandies* italianos. Na Itália, da Lombardia ao extremo sul, está presente num incrível número de vinhos. Tamanha difusão não implica necessariamente um juízo negativo: aqui e ali, adaptando-se a solos específicos, a videira consegue se expressar em brancos interessantes e característicos, caso se proceda também a uma drástica redução da produção por hectare. Alguns Lugana e o Trebbiano d'Abruzzo demonstram como, por meio de atentas escolhas qualitativas na vinha e na adega, essa popular videira pode dar origem a vinhos que passam longe da banalidade.

UGHETTA (*tinto*) Ver **VESPOLINA**.

UVA DI TROIA (*tinto*) Variedade de bagos vermelhos disseminada principalmente na região centro-setentrional da Puglia. Está na base do tinto e do rosê Castel del Monte, do Cacc'é Mitte di Lucera e dos vinhos tintos de Barletta, de Canosa e de Cerignola.

UVA RARA (*tinto*) Difundida principalmente no Oltrepò Pavese (onde participa do Oltrepò Pavese Rosso, do Buttafuoco e do Sangue di Giuda) e na região de Novara (onde está presente no Ghemme, no Fara, no Sizzanom no Boca e no Colline Novaresi, com o nome de Bonarda Novarese). O termo deriva da forma singular de seu cacho, muito esparso.

VELADO Vinho pouco límpido.

VELTLINER e **GRÜNER VELTLINER** (*branco*) Veltliner é o nome comum e mais disseminado da variedade austríaca de bagos brancos originalmente chamada Grüner Veltliner. Trata-se de uma uva que dá vinhos de qualidade média, agradáveis mas não particularmente complexos, com algumas notáveis exceções presentes na região de Wachau, a nordeste de Viena.

VERDECA (*branco*) Presente em algumas partes da Puglia e particularmente no planalto das Murge e na província de Bari em geral. Está na base dos brancos de Locorotondo e Martina Franca, ambos DOC.

VERDELLO (*branco*) Variedade de uva de bagos brancos presente em grande parte da Úmbria meridional, particularmente na região de Orvieto.

VERDICCHIO (*branco*) A uva Verdicchio vem sendo cultivada nas Marcas desde os tempos mais remotos. Já há alguns anos o vinho homônimo tem sido um dos brancos mais populares da Itália, com sua típica garrafa em formato de ânfora. O nome se refere à cor dos ácinos, que, mesmo maduros, não perdem completamente as nuanças verdes. Os ampelógrafos discutem a respeito de seu parentesco com a Trebbiano di Soave e di Lugana, com as quais apresenta notáveis analogias. O Verdicchio é DOC na região clássica dos Castelli di Jesi e na de Matelica.

VERDOLINO Nome que designa a típica cor dos vinhos do norte da Itália, principalmente os feitos à base de Riesling renana ou Sauvignon. A coloração tende ao verde, sinalizando a presença de clorofila nas uvas de base.

VERDUZZO (*branco*) Uva branca difundida no nordeste da Itália, particularmente no Friuli, onde é base para vinhos secos ou doces. Estes últimos têm, nos melhores casos (como na área de Ramandolo), boa estrutura e equilíbrio gustativo.

VERMENTINO (*branco*) Conhecida em Portugal como Codega, a Vermentino espalhou-se a partir da península Ibérica para a Ligúria, a Córsega, a Sardenha e, em menor escala, a Toscana. A Vermentino parece ostentar um parentesco não muito distante com a Malvasia, especialmente com aquela da ilha da Madeira, de onde poderia ter sido depois transplantada para o continente europeu. Na Sardenha existem três vinhos Vermentino DOC: o Vermentino di Gallura, tradicionalmente mais estruturado e alcoólico, o frisante Alghero Vermentino e o Vermentino di Sardegna, produzido em toda a ilha. A tipologia deste último ainda não está muito bem definida, e pode variar do vinho de estrutura que se afina por dois a três anos na garrafa àquele fresco e fácil de beber, ideal para pratos com peixe leves ou como aperitivo. De gênero menos estruturado, mas elegante, é o Vermentino lígure, DOC na Riviera di Ponente e nos Colli di Luni. Ainda na Ligúria destaca-se a Pigato, videira típica da região, por muitos considerada uma variedade de Vermentino. Na Toscana, merecem menção os vinhos Candia dei Colli Apuani, o Montecarlo e o Bolgheri Vermentino, todos DOC que aproveitam a Vermentino pura ou mesclada a outras uvas.

VERNACCIA (*branco/tinto*) Provavelmente o termo deriva do latim *vernaculum*, que significa "do lugar", "nativo". Isso explicaria a multiplicidade de uvas italianas que recebem esse nome. A mais célebre é, talvez, aquela de San Gimignano, na Toscana, que dá um vinho conhecido desde a Idade Média. Essa Vernaccia é rica em caráter e corpo, enxuta e alcoólica, revelando perfumes delicados, amplos e levemente aromáticos, que tendem a exaltar-se com um breve envelhecimento. A Vernaccia di Oristano, na Sardenha, é obtida a partir de uvas mais que maduras, cultivadas na bacia do rio Tirso. É vinificada por um sistema muito similar ao Solera, método de produção do Jerez, com o qual tem notável afinidade. Já a oeste de Macerata, nas Marcas, produz-se um espumante particular das uvas de Vernaccia Rossa: o Vernaccia di Serrapetrona DOC, que tem cor grená púrpura intenso e perfumes vinosos e fragrantes, com um agradável final amargoso e adstringente. Pode ser seco, suave ou doce, e os melhores resultados são obtidos com a espumantização pelo método clássico.

VERNATSCH (*tinto*) Ver **SCHIAVA**.

VERTEDURA Operação por meio da qual são eliminados os depósitos na elaboração do espumante Método Clássico. Os franceses chamam essa etapa de *dégorgement*. A data de sua realização, quando constante do rótulo, indica a idade da bebida para os espumantes não-milesimados.

VERTICAL Na Itália, o adjetivo se refere a vinhos nos quais os componentes ácido-tânicos prevalecem sobre os elementos suaves do álcool e da glicerina.

VESPOLINA ou **UGHETTA** (*tinto*) Presente principalmente na província de Novara, é às vezes confundida com a Uva Rara ou a Bonarda Novarese. Participa do Lessona, do Bramaterra, do Ghemme, do Fara, do Boca e, em pequeno percentual, do Gattinara DOC. O *Disciplinare* de Colline Novaresi reserva uma DOC específica para vinhos dessa uva.

VIDEIRA Planta trepadeira da família das vitáceas (*Vitis vinifera*).

VIOGNIER (*branco*) Está entre as videiras brancas mais interessantes do mundo. Difundida inicialmente no Languedoc-Roussillon e no Vale do Ródano, onde está na base do Condrieu e do famosíssimo Château Grillet, pode ser encontrada atualmente até mesmo fora da França, na Califórnia e em diversas áreas vitivinícolas australianas. Na Itália ainda é pouco conhecida: vem sendo cultivada apenas em caráter experimental na Toscana e no Lácio.

VIVAZ Vinho fresco com presença de anidrido carbônico.

WEISSBURGUNDER (*branco*) Ver **PINOT BIANCO**.

ZIBIBBO (*branco*) Também chamado de Moscatellone ou Moscato di Alessandria, é cultivado hoje exclusivamente na ilha de Pantelleria, onde se apresenta na base de vinhos excepcionais, como o Moscato e o Passito di Pantelleria, jóias da vitivinicultura do Mediterrâneo.

ZINFANDEL (*tinto*) Ver **PRIMITIVO**.